As Bênçãos de Doar

As Bênçãos de Doar

Abrindo a porta para experimentar a plenitude da vida

DA SÉRIE: OS DEZ MANDAMENTOS

Marja Verschoor-Meijers

O ladrão vem somente para roubar, matar e destruir; eu vim para que tenham vida e a tenham em abundância.

João 10:10

Índice

Introdução

Mais bem-aventurado é dar do que receber.

Atos 20:35

Não roube! Sem dúvida, é o mais curto dos Dez Mandamentos e, também, o que não exige formação em teologia para ser compreendido. Eu tinha, no entanto, uma pergunta prática, mas ainda assim ardente, para o Senhor quando estava me preparando para trabalhar neste livro: "Será mesmo possível escrever um livro a partir de duas palavras?"

Afinal, a maioria das pessoas sabe que roubar é ilegal; o que há para ser adicionado? Comecei com uma página em branco, duas palavrinhas em minha mente: "não roube" e um pedido desesperado por novas revelações sobre esse mandamento.

Como pode ser entendido nos meus livros anteriores, é meu desejo mudar o foco do que não devemos fazer para o que podemos fazer; desde apenas guardar a letra da Lei até seguir a orientação do Espírito. Durante a oração, fui inspirada pela maravilhosa Escritura, no texto de João 10:10 e comecei a usá-la como base para minha inspiração, porque ela fala inequivocamente sobre roubar e oferecer, negativo versus positivo, advertência versus promessa.

Peguei essa Escritura e a dividi em três partes:

O Aviso

Em primeiro lugar, Jesus explica o que o ladrão está tentando fazer aqui na terra (roubar, matar e destruir).

As Bênçãos

Segundo, Jesus explica o que Ele mesmo veio fazer aqui na terra (para nos oferecer vida).

A Promessa

Terceiro, Jesus explica que tipo de vida teríamos aqui na terra (vida em toda a sua plenitude/abundância).

Lentamente, mas de forma clara, este livro revelou ser um livro sobre o oposto de roubar, ou seja, doar. Uma coisa é afirmar que não roubamos, mas as questões lógicas seriam: O que fazemos? Como passamos da mera obediência a tal ordem, para o seu cumprimento em nossa vida diária? Como podemos aplicar tal princípio sem sermos legalistas ou demasiado concentrados em transgressões? Que ação Jesus exige de nós?

Doar é uma atitude de amor e o amor é o cumprimento da Lei. Espero e oro para que, ao ler este livro, você transforme seu pensamento do caminho do ladrão (tomar) para o caminho do Mestre (doar). Durante esse processo, muitas perguntas serão respondidas, tais como: É possível tornar-se um doador sem lutar para abrir mão de nossos bens, tempo e dinheiro? Por que estamos tão focados em acumular mais para nós mesmos? Por que muitas vezes nos é difícil doar livremente? O que podemos aprender de Jesus sobre o assunto? Qual é o pensamento principal por trás do oitavo mandamento para o crente da Nova Aliança?

Ajudarei você a orar as seguintes palavras antes de começar a ler:

Querido Pai celestial, obrigado por me oferecer a Sua Palavra. Quero ter a mente aberta para o que o Senhor está prestes a me ensinar. Espírito Santo, toque meu coração e abra meus ouvidos. Em nome de Jesus, eu oro isso. Amém.

Marja Verschoor-Meijers

O Oitavo Mandamento

Não roube!

Êxodo 20:15

Parte I

O Aviso

O ladrão vem só para roubar, matar e destruir.

João 10:10

1

A mentalidade de acumular tudo

Eu sou o caminho, a verdade e a vida; ninguém vem ao Pai, senão por mim.

João 14:6

Era uma vez um fora-da-lei que vivia na floresta e era muito apreciado pelos pobres e sem-teto por causa de sua generosidade. Ele roubou, tudo o que pôde, dos ricos e famosos e dividiu seu despojo entre as pessoas comuns, que o consideravam um herói e endossavam seu modo de vida. Acontece que o roubo passou a ser aceito como forma de sobreviver e de se vingar da sociedade. Claro, todos viveram felizes para sempre.

Ah, lembranças de infância! A história de Robin Hood tornou-se famosa em todo o mundo. O público adorou seu espírito aventureiro e sua rebelião contra o sistema. Ele defendeu os pobres e deficientes; ele queria mudar o destino deles. Que história! Estou me lembrando de suas aventuras, porque ele é provavelmente o ladrão mais admirado e lendário da história e o livro que você está segurando trata de roubo. Bem, pelo menos parte do livro sim, mas há mais do que isso. Este livro não trata apenas do caminho do ladrão, que tira, mas também do caminho do Mestre, que dá. Neste livro apresento duas formas opostas de viver, é a nossa escolha que fará toda a diferença. Em breve descobriremos que o caminho do ladrão vai muito além das mãos no pote de biscoitos e da lenda de Robin, e que o caminho do Mestre vai muito além das nossas moedas no baldinho de ofertas e das horas de voluntariado na igreja. Mas vamos começar onde tudo começa, o oitavo mandamento.

O antigo mandamento bíblico diz simplesmente: "Não roube" e não pode ser mais claro do que isso, ou assim pensei. Entretanto, enquanto estudava o assunto, aprendi que o oitavo mandamento envolve muito mais do que apenas obedecer a tal regra. No fundo, este mandamento trata da atitude dos nossos corações e da compreensão do propósito de Deus por trás destas duas palavras simples. Como já vimos nos livros anteriores desta série[1], a Palavra de Deus envolve mais do que apenas obedecer a um conjunto de regras; trata-se de vivê-la, cumpri-la e aplicá-la em nossas vidas diárias e, ao fazê-lo, promover o Reino de Deus.

Eu gostaria de convidá-los a abrirem seus corações para o que a Bíblia quer nos ensinar sobre dar e receber. Se preferir não mudar o que você já pensa: coloque este livro de volta na estante. O objetivo é mudar seus padrões

---

[1] Veja a Bibliografia, em anexo

de pensamento de acordo com os ensinamentos de Jesus. Pode ser um exercício desconfortável, mas vale a pena o esforço: sua vida nunca mais será a mesma! Por favor, deixe de lado a ideia de que os Dez Mandamentos são regras antiquadas pelas quais ninguém pode viver. O propósito deste livro é descobrir o que Jesus disse sobre o oitavo mandamento e como Ele espera que ajamos de acordo com Ele. Eu gostaria de desafiá-lo a reorientar o pensamento atual em direção aos Seus ensinamentos. Muitas vezes, o nosso pensamento sobre a Palavra de Deus é rígido; muitos de nós não ajustamos ideias pré-concebidas sobre a Bíblia desde os tempos de colégio. É hora de tirar o pó das Escrituras!

Os antigos ensinamentos e ditados ainda são relevantes e aplicáveis hoje, mas acredito que certamente o ajudarão a atualizar um pouco a linguagem. Não tenho dúvidas de que "não roubarás" é uma regra universalmente aceita, mas acho que é hora de algumas novas percepções sobre esta verdade antiga. O oitavo mandamento é mais do que um código moral porque nele está escondida uma filosofia que tem o poder de mudar a vida de uma pessoa.

Jesus levantou o véu desse segredo oculto quando teve Seu encontro com o jovem rico, como veremos no próximo capítulo. Espero e oro para que através deste livro você veja que os ensinamentos revolucionários de Jesus são a fonte da vida, uma vida em toda a sua plenitude. Sua vida na terra acabou sendo o cumprimento de tudo o que foi dito e escrito no Antigo Testamento, como escreve o apóstolo Paulo em 2 Coríntios 1:19-20,

...mas sempre nEle houve o "Sim" de Deus; porque quantas são as promessas de Deus, tantas têm nEle o "sim";

Sinto-me à vontade para dizer que Jesus é a resposta positiva num mundo muitas vezes negativo. Podemos aprender muito com Ele.

Por exemplo, Jesus disse ao seu público que toda a lei e todos os ensinamentos dependiam apenas de duas coisas: "Amar a Deus e amar os outros como a si mesmo" (Mateus 22:37-40). A maioria de nós conhece essa escritura muito bem, mas quando solicitados a explicar o que isso significa em nossa vida diária, podemos hesitar em responder. Eu conheço esse sentimento. Foi por isso que tomei um mandamento simples como "Não roube" do seu local de nascimento na história e coloquei-o bem no meio dos nossos dias. Temos o privilégio de viver na era do Espírito Santo porque temos uma história muito rica para relembrar e aprender:

- Podemos ler no Antigo Testamento como Deus conduzia o povo daquela época.
- Podemos ler nos evangelhos como Jesus liderou as pessoas do Seu tempo, e
- Podemos ler nas epístolas como o Espírito Santo conduz as pessoas do nosso tempo.

Em João 14:26, não muito antes de deixar a Terra para estar com Deus Pai, Jesus explicou a necessidade do Espírito na vida de todos,

Mas o Consolador, o Espírito Santo, a quem o Pai enviará em meu nome, esse vos ensinará todas as coisas e vos fará lembrar de tudo o que vos tenho dito.

O Espírito Santo mantém vivas, em nós, as palavras de Jesus. Somos capazes de aproveitar Seus ensinamentos hoje e eles se mostrarão tão atuais como sempre. Portanto, seguiremos a orientação do Espírito e estudaremos o ensino de Jesus a respeito do oitavo mandamento.

Êxodo 20:15 diz: "Não roube". Para a maioria de nós, esse mandamento é fácil de entender e de cumprir. Não pegue nada sem permissão. Talvez você esteja pensando: "Eu não roubo. Eu não sou um ladrão. Por que então eu deveria ler este livro?" Como vimos nos livros anteriores, desta série[2], Jesus tem uma maneira de abrir nossos olhos para os mandamentos. Ele os vira de cabeça para baixo e do avesso.

Quando dizemos que não roubamos, quando afirmamos que não somos ladrões, estamos apenas obedecendo à Lei. Não estamos cumprindo. Obedecer à Lei ao pé da

---

[2] Veja a Bibliografia, em anexo

letra não é o mesmo que cumpri-la com amor, e Romanos 13:10 diz:

O amor não pratica o mal contra o próximo; de sorte que o cumprimento da lei é o amor.

A vinda de Jesus à Terra não acabou com a Lei, mas certamente mudou o propósito dela para sempre. Durante séculos, as pessoas tentaram tornar-se homens melhores obedecendo à Lei, mas quanto mais tentavam, mais fracassavam. Quando Jesus veio, Ele ofereceu a solução para o problema dos homens com o pecado quando levou os pecados de toda a humanidade sobre Seus ombros, na cruz. Ao fazer isso, Ele não nos deu uma desculpa para ignorarmos os Seus mandamentos, pelo contrário. Ele nos mostrou que o amor é o cumprimento da Lei. Romanos 8:3-4 descreve isso muito bem:

Porquanto o que fora impossível à lei, no que estava enfermo pela carne, isso fez Deus enviando o seu próprio Filho, em semelhança de carne pecaminosa e no tocante ao pecado; e com efeito, condenou Deus, na carne, o pecado, a fim de que o preceito da lei se cumprisse em nós, que não andamos segundo a carne, mas Segundo o Espírito.

Somente através da Sua graça e da nossa fé em Jesus Cristo podemos estar em paz com Deus. Boas ações ou obediência ao pé-da-letra, nunca nos levarão a um relacionamento com Deus. Assim, por causa de Jesus, a ênfase na obediência à Lei mudou para o cumprimento da Lei. Ele mesmo transformou a Lei em amor, entregando Sua vida por nós quando foi crucificado. Jesus explica repetidamente como cumprir as palavras de Seu Pai em amor.

Em relação ao oitavo mandamento, por exemplo, Ele nos diz o que devemos fazer em vez de roubar. Ele quer substituir o desejo de tomar para nós, pelo desejo de doar aos outros. Ele quer mudar nossos padrões de pensamento, bem como nossos padrões de comportamento. Ele nos ensina como redirecionar nosso foco, de receber para doar.

Medite no seguinte:

- *Há algo em minha vida que eu preferiria receber ao invés de doar?*
- *O amor é o cumprimento da lei. Como isso acontece na minha vida?*

Registre os seus pensamentos:

2

A grande reviravolta

Digo a vocês, que amo profundamente, que não devemos apenas dizer que amamos nossos irmãos crentes! Vamos amá-los autenticamente, fazendo o necessário para ajudá-los!

1 João 3:18

Vejamos um encontro histórico familiar que Jesus teve com um jovem rico. Você encontrará a história em Mateus 19:16-22 (MSG, ênfase minha).

Outro dia, um homem parou Jesus e perguntou: Mestre, que coisas boas devo fazer para conseguir a vida eterna?

Jesus disse: Por que você me questiona sobre o que é bom? Deus é Aquele que é bom. Se você quer entrar na vida de Deus, basta fazer o que Ele lhe diz.

O homem perguntou: O que em particular?

*Jesus disse: Não mate, não cometa adultério, **não roube**, não minta, honre seu pai e sua mãe e ame seu próximo como você ama a si mesmo.*

O jovem disse: eu faço tudo isso. O que faltou?

*<u>Se queres doar tudo o que tens</u>, respondeu Jesus, vai vende os teus bens, **doe** tudo aos pobres. Toda a tua riqueza estará no céu. Então vem me seguir.*

Bem, sabemos que este homem era muito rico e decidiu não desistir do seu estilo de vida para seguir Jesus, mas essa não é a parte da história que queremos investigar. Neste breve diálogo podemos ver a diferença entre servir a Deus no antigo modo da lei escrita e servir no novo modo do Espírito, conforme explicado em Romanos 7:6.

O jovem guardou os mandamentos, mas de alguma forma isso não lhe deu segurança, satisfação e realização; por isso decidiu perguntar a Jesus o que mais ele deveria fazer. A princípio Jesus responde do jeito que as pessoas daquela época gostavam: "Basta seguir a Lei; faça isso, não faça aquilo. Não roube." O jovem sente que deve haver mais e continua perguntando. É então que Jesus lhe dá a pista: "Vá, venda e doe…"

Em poucas palavras, Ele inverte o mandamento. Não roubar traduzido em amor é doar. A tradução da Mensagem chama isso de A Grande Reviravolta, em Mateus 19:30. Jesus promete ao jovem tesouros no Céu e até o qualifica para o discipulado se ele estiver disposto a viver da maneira que Jesus acabou de lhe explicar, o caminho do Mestre.

Neste encontro Jesus ensina a todos nós uma lição importante: para obter a plena satisfação, para entrar na vida real, devemos tornar-nos doadores. Apenas dizer "eu não roubo" não é suficiente para ser chamado de seguidor de Jesus; Ele quer doadores. Ele requer ação, não obediência passiva. Em Mateus 5:17 o Senhor explica Sua posição em relação à Lei,

Não pensem que vim acabar com a Lei de Moisés e os ensinamentos dos profetas. Não vim para acabar com eles, mas para tornar os seus ensinamentos em realidade."

Jesus é o nosso exemplo de como tornar realidade os antigos ensinamentos. Ele exige ação de nossa parte também. Ao nos tornarmos doadores, cumprimos a Lei. Não devemos mais nos concentrar no que não devemos fazer, mas sim no que podemos fazer. Se você ainda tem os "não farás" em seu cérebro, é hora de substituí-los por alguns: "eu quero".

Pense na época em que você quis abandonar um mau hábito; talvez fosse fumar ou comer doces. Enquanto o seu padrão de pensamento estava focado na coisa proibida, as coisas só pioraram. Passar o dia todo dizendo a si mesmo para não fumar. Eu não vou fumar, só amplifica o problema e ativa o seu desejo (e certamente, te deixa louco). Um método bem conhecido para vencer os maus hábitos é substituí-los por bons. Tudo começa conversando conosco mesmos sobre coisas boas. Tenho permissão para fazer isso ou aquilo, gosto muito de fazer isso ou aquilo, etc.

Jesus também usou esse método. Ele não andava por aí dizendo às pessoas "não roubem, não roubem". Isso só teria amplificado seus pecados e deficiências. Em vez disso, Ele os aconselhou sobre como viver uma vida agradável a Deus. Ele chegou ao ponto de ensiná-los a amar seus inimigos e isso incluía as pessoas que os roubaram e a não pedir de volta os bens roubados. Eu sei; isso parece muito estranho para ser verdade, mas leia Lucas 6:30 no contexto.

Dê a todos que lhe pedirem algo, e quando alguém tirar o que é seu, não peça de volta.

Ora, isso é um pensamento bem revolucionário, não é? Ele não disse: "leve-os ao tribunal e processe-os." Ele disse: "Ame-os e faça-lhes o bem". Você vê por que ainda precisamos de Seu ensino a respeito do oitavo mandamento?

Jesus nos mostra como viver uma vida de dar em vez de receber. Fomos ensinados a: comprar, implorar, pedir emprestado ou roubar para conseguir alguma coisa. De acordo com Jesus, temos que doar para conseguir alguma coisa. Isso não faz sentido neste mundo, mas faz no Reino de Deus. Em Lucas 6:38 podemos ler Suas sábias palavras

Dê aos outros e Deus dará a você. Na verdade, você receberá uma medida completa, uma ajuda generosa, colocada em suas mãos – tudo o que você puder segurar. A medida que você usar para medir os outros é aquela que Deus usará para medir você.

A tradução da Mensagem diz: "Dar, é o caminho, e não receber. Generosidade gera generosidade." Todos nós queremos a medida completa, a ajuda generosa, mas estamos dispostos a fazer o mesmo pelos outros? Se sim, como começamos? Como nos tornamos doadores alegres e como podemos substituir a mentalidade do ladrão? Como podemos mudar nossa atitude tão humana e adotar uma atitude de doação?

Estamos tão programados para passar a maior parte de nossas vidas acumulando coisas - que achamos que nos farão mais felizes e nos darão uma vida mais plena - seja a casa, o carro, o barco, o trabalho, o dinheiro ou o companheiro que desejamos. A raiz dessa mentalidade de acumular coisas é o jeito do ladrão, e espero que você concorde comigo que esse jeito não vai nos deixar felizes.

Você está pronto para preencher sua mente com novos pensamentos; seu coração com novo amor e seu espírito com novas percepções? Convido você a se abrir para o novo caminho do Espírito.

Medite no seguinte:

- *Já superei algum mau hábito? Se sim, como?*
- *Não importa a minha idade ou posição, estou a fim de aprender coisas novas?*

Registre os seus pensamentos:

3

A vida em toda a sua plenitude

O Senhor é o meu pastor; tenho tudo o que necessito.

Salmo 23:1

Quando comecei minha caminhada com o Senhor, eu não sabia muito sobre doar. Cada vez que um pregador começava a falar sobre o assunto, eu me contorcia na cadeira e apenas um pensamento ocupava minha mente: "eles estão atrás do meu dinheiro."

A simples menção da palavra "dízimo" causava arrepios na minha espinha e eu debatia com cada pessoa que seguia certos princípios para doar, especialmente quando eles vinham do Antigo Testamento. Num domingo de outubro de 2002, quando meu marido e eu pisamos pela primeira vez no Solid Rock Christian Center, em Ventura, Califórnia, o ensinamento era "Como se tornar um Doador Alegre" e, acredite ou não, nos tornamos doadores alegres a partir daquele dia. O Senhor transformou nossas mentes por completo!

Estou usando minha própria experiência para ilustrar como o poder do Espírito Santo pode renovar nosso pensamento, mesmo que seja em um dia. Às vezes, precisamos apenas ouvir uma determinada palavra ou receber uma nova revelação sobre um assunto para revisar nossos padrões de pensamento e, muitas vezes, ideias pré-concebidas. Fui treinada para manter um espírito ensinável e gostaria de pedir que você faça o mesmo. Tenha paciência enquanto examinaremos uma escritura muito familiar como base para nossa nova maneira de encarar o oitavo mandamento. Essa escritura é João 10:10, e tenho certeza de que a maioria de vocês a conhece.

O ladrão vem apenas para roubar, matar e destruir. Eu vim para que você possa ter vida – vida em toda a sua plenitude.

Não me surpreenderia se João 10:10, ou pelo menos parte dele, fosse um dos textos mais citados. Nos círculos cristãos podemos ouvi-lo nas igrejas, na televisão e no rádio. Podemos lê-lo em livros e revistas e encontrá-lo na internet. Nós simplesmente amamos a parte em que Jesus diz que Ele veio para que pudéssemos ter vida, vida em toda a sua plenitude – também chamada de vida abundante. Eu também amo essa escritura. Contém uma promessa maravilhosa, fala do amor de Jesus pela humanidade e diz-nos algo sobre o tipo de vida que deveríamos viver como cristãos.

Gostaria de dar uma olhada no versículo dez como um todo, bem como no contexto da parábola do bom pastor que precede esta afirmação. Jesus amplia o propósito de Sua vinda à terra (para trazer vida) porque outros que vieram antes Dele tentaram enganar as pessoas, mostrando-lhes o caminho errado e, assim, tirando (roubando) suas vidas. No versículo oito Jesus os chama de ladrões e salteadores. Portanto, João 10:10 não apenas contém uma promessa de uma vida em toda a sua plenitude, mas também uma advertência. Jesus quer nos ensinar informações importantes sobre as escolhas que fazemos todos os dias, especialmente quando se trata de *retirar* (com ou sem permissão) e *doar*.

O versículo dez é apenas uma parte do discurso que Jesus fez para explicar a parábola do bom pastor, contada no início de João 10. Jesus afirma que Ele deve ser comparado com a porta e que todo aquele que entrar por aquela porta será ser salvo. Ele veio para dar vida a todos, salvando a humanidade de uma natureza destrutiva e pecaminosa que acabará por terminar em morte.

Entrar na vida pela porta (o caminho de Jesus) não nos trará uma vida comum, mas a bem-aventurança eterna em Sua presença e uma vida anterior em toda a sua plenitude aqui na terra. Quando Jesus promete vida, uma vida em toda a sua plenitude, Ele fala sério. Ele quer isso para todos. No versículo nove, Ele diz: *Quem entrar por mim será salvo*. Adoramos ouvir essa parte da vida abundante, mas será que alguma vez nos perguntamos se estamos entrando nela do jeito Dele?

Por boas razões, Jesus nos alerta que também há pessoas que tentam entrar nessa vida abundante por outra porta, por outros caminhos. Estamos falando aqui de métodos fúteis, porque implicam roubar, matar e destruir. Em outras palavras, os caminhos de um ladrão. Em João 10:1 Jesus diz muito claramente:

Digo-vos a verdade: o homem que não entra no curral das ovelhas pela porta, mas sobe por outro caminho, é ladrão e salteador.

Tive que ler esse versículo repetidas vezes. De alguma forma, é possível escalar de outra maneira. De alguma forma, é possível entrar furtivamente sem nos mostrarmos ao porteiro.

Será verdade que temos tentado entrar numa vida em toda a sua plenitude pela porta dos fundos? Talvez você ache essa pergunta ridícula. Talvez você tenha sido salvo, tenha sido libertado de suas mágoas e problemas, tenha nascido de novo, saiba tudo sobre a vida eterna e ame a Deus. Você não precisa entrar furtivamente em lugar nenhum.

Deixe-me fazer outra pergunta. Você está vivendo uma vida em toda a sua plenitude? Todas as suas necessidades são atendidas? Todas as áreas da sua vida estão equilibradas? Se você responder "não" a uma dessas perguntas, este pode ser um bom momento para considerar as palavras de João 10:10. Quando Jesus afirma que veio para nos dar uma vida em toda a sua plenitude, Ele não está mentindo. Ele começa no versículo sete dizendo: "Estou lhe dizendo a verdade". Então, se não estamos experimentando essa vida maravilhosa, temos que verificar a nossa própria atitude, não a Dele. É possível que estejamos tentando entrar nessa vida abundante como ladrão? Nas palavras de Lucas 6:38, estamos tentando receber a medida plena, a ajuda generosa, sem dar aos outros? São perguntas sérias, não são?

Ora, não se irrite ou desanime com tudo isso. Como afirmei no capítulo um, o propósito deste livro é mudar o nosso padrão de pensamento de acordo com os ensinamentos de Jesus. Ele quer nos ensinar muito mais do que apenas não roubar. Ele deseja nos ensinar a dar.

João 10:10 contém a advertência, a graça e a promessa. Ficaremos com esta escritura e faremos o seguinte:

- Analisaremos algumas formas de roubar que se tornaram uma prática comum na nossa sociedade. Iremos verificar as nossas atitudes e, esperançosamente, reformular as nossas ações nesse domínio.

- Veremos como Jesus veio trazer vida: renunciando à Sua própria vida! É através da Sua graça que somos capazes de passar de agregadores a doadores.
- Olharemos a vida em toda a sua plenitude: equilíbrio no espírito, na alma e no corpo.

__Medite sobre o seguinte:__

- *Que área da minha vida está desequilibrada? (Pense espiritual, emocional, física, financeira, etc.)*
- *Vida abundante... tente descrever como seria?*

__Registre os seus pensamentos:__

4

Do meu jeito ou do Dele?

Nós não recebemos o espírito deste mundo; pelo contrário, recebemos o Espírito enviado por Deus, para que saibamos tudo o que Deus nos deu.

1 Coríntios 2:12

De acordo com João 10:10 o ladrão vem para roubar, matar e destruir. Esse é um aviso sério. Jesus está falando sobre o próprio diabo, neste versículo. Afinal, foi o diabo quem roubou temporariamente a vida perfeita da humanidade no Jardim do Éden, e foi o diabo quem tentou roubar a lealdade de Jesus a Deus Pai quando O tentou no deserto.

Embora não gostemos de pensar nisso, a Bíblia é bastante clara sobre as ações do diabo. Em 1 Pedro 5:8 podemos ler a seguinte advertência:

Esteja alerta, esteja atento! Seu inimigo, o diabo, anda por aí como um leão que ruge, procurando alguém para devorar.

As intenções do diabo são claras: ele quer enganar, destruir e trazer destruição total. Quando Jesus se refere a satanás em João 10:10, Ele simplesmente especifica o caráter do ladrão. Ele faz isso em contraste com Seu próprio caráter, como podemos ler no mesmo versículo quando Ele conforta o leitor com estas palavras: "Eu vim para que vocês tenham vida." Mencionar a missão do ladrão não é apenas uma simples declaração, é um aviso sério. Jesus conhece as obras do ladrão e alerta as pessoas para não seguirem seus caminhos destrutivos, mas, em vez disso, seguirem sempre a voz do bom pastor.

Ele diz isso porque conhece os diferentes resultados finais. O ladrão tira a vida, Jesus dá a vida, e é simples assim. Ele repetiu de uma forma diferente as palavras de Seu Pai que falou aos israelitas cerca de 1.400 anos antes. Em Deuteronômio 30:19 Deus lhes disse:

Agora estou lhe dando a escolha entre a vida e a morte, entre a bênção de Deus e a maldição de Deus, e invoco o céu e a terra para testemunharem a escolha que você faz. Escolha a vida!

Quase nos sentimos confortáveis em culpar Deus por tudo o que acontece de errado neste mundo, e perguntamos-Lhe com frequência por que Ele permite que certas coisas aconteçam. Às vezes esquecemos que Deus nos deu uma voz e uma escolha. A mesma escolha que Ele colocou diante dos antigos israelitas ainda se aplica a todos nós, todos os dias. Em João 10:9 Jesus nos diz:

Eu sou a porta. Aqueles que entrarem por mim serão salvos; eles entrarão e sairão e encontrarão pastagens.

A única maneira de entrar em uma nova vida é através de Jesus Cristo e devemos escolher propositalmente e conscientemente seguir esse caminho. Quando fizermos isso, é Sua maravilhosa promessa que encontraremos pastagens, ou seja: encontraremos vida!

O Seu caminho traz vida, o caminho do ladrão traz morte. Agora, você pode estar pensando, eu sei de tudo isso. Estou escolhendo a vida. Eu sou um seguidor de Jesus. Eu não posso errar. Ótimo, então você pode ter entrado na vida em toda a sua plenitude, exatamente como Jesus prometeu. No entanto, talvez você não tenha certeza se está sempre escolhendo a coisa certa a fazer. Você deseja seguir o caminho de Jesus, mas na realidade, muitas vezes, você segue o seu próprio caminho. O apóstolo Paulo explica brevemente essa luta em Romanos 8. Talvez valha a pena ler este capítulo de uma tradução que fale diretamente a você. Os versículos cinco e seis nos ensinam o seguinte:

Aqueles que vivem como a sua natureza humana lhes diz, têm as suas mentes controladas pelo que a natureza humana deseja. Aqueles que vivem como o Espírito lhes diz, têm suas mentes controladas pelo que o Espírito deseja.

Ser controlado pela natureza humana resulta em morte; ser controlado pelo Espírito resulta em vida e paz.

Uau, deve ser disso que Jesus está falando em João 10:10. O Seu caminho traz vida, a vida em toda a sua plenitude, e o caminho do ladrão traz a morte.

Agora, o caminho do ladrão deve fazer parte da nossa natureza humana, se Paulo estiver correto. Acredito que Jesus nos alerta sobre os caminhos do ladrão porque Ele conhece a nossa fraqueza: preferimos receber do que dar porque somos egoístas por natureza. Preferimos escolher os nossos próprios caminhos do que os caminhos de Deus.

É por isso que Ele está nos oferecendo a ajuda do Seu Espírito Santo. Teríamos muita dificuldade em descobrir tudo isso com nosso próprio poder e força. O Espírito Santo pode nos mostrar a verdade e nos convencer de certos princípios em poucos segundos. Eu pessoalmente sei disso por experiência própria, já que Ele mudou minha atitude em relação a dar assim mesmo. Em João 14:16-17 Jesus diz:

Pedirei ao Pai, e ele lhes dará outro Ajudador, que ficará com vocês para sempre. Ele é o Espírito, que revela a verdade sobre Deus. O mundo não pode recebê-

lo, porque não pode vê-lo ou conhecê-lo. Mas vocês o conhecem, porque ele permanece com vocês e está em vocês.

No próximo capítulo, daremos uma olhada em alguns caminhos do ladrão que lentamente entraram em nossas vidas (lembre-se: o diabo é um enganador astuto) sem que percebamos. Não tenho medo de admitir que preciso da ajuda do Espírito todos os dias.

Sem dúvida. a forma mais óbvia de roubo é pegar as coisas de outra pessoa sem permissão. Mas você sabia que também podemos roubar o tempo de alguém? E quanto à alegria, às ideias, ao parceiro ou mesmo à liberdade de alguém? O objetivo deste livro definitivamente não é acusar ninguém de roubo. Quero que todos pensemos sobre as nossas atitudes: tratamos os bens, o tempo ou os sentimentos de outra pessoa com respeito e cuidado? Nós nos intrometemos nos negócios ou na vida familiar de outras pessoas? Agregamos mais coisas para nós mesmos ou compartilhamos com outras pessoas? Perguntas simples, mas as respostas farão toda a diferença na nossa vida em toda a sua plenitude.

Gostaria de enfatizar, como fiz nos livros anteriores[3], que meus escritos são sobre viver uma vida no caminho do Espírito, e não sobre simplesmente como guardar a Lei.

---

[3] Veja a Bibliografia, em anexo

Temos a comissão de amar a Deus e uns aos outros e o amor é o cumprimento da Lei. Jesus diz em João 14:15:

Se você me ama, obedecerá aos meus mandamentos.

Dizer que amamos Jesus e sair por aí dizendo que somos cristãos não significa nada se não obedecermos aos Seus ensinamentos. Ele está sempre nos sondando para olharmos para nossas próprias vidas (não para as vidas dos outros) e descobrirmos os elementos em nosso caráter que ainda não são semelhantes a Cristo. Isso não é um fardo; é uma viagem maravilhosa através das estações da nossa vida; uma jornada que melhorará nosso relacionamento com Deus. Nós trabalhamos em nossas relações humanas, não é? Por que não dar uma olhada séria na advertência de Jesus em João 10:10 e descobrir se Ele está falando conosco?

Medite sobre o seguinte:

- *Tenho momentos ou situações em que sigo os meus próprios caminhos?*
- *Eu poderia me considerar um doador ou um acumulador? Seja honesto!*

Registre os seus pensamentos:

5

O Tempo é precioso

Ensina-nos a contar os nossos dias, para que alcancemos corações sábios.

Salmo 90:12

A parte mais impressionante do Cristianismo é a morte sacrificial e a ressurreição de Jesus Cristo. Ele recebeu o castigo pelos pecados da humanidade e teve uma morte horrível na cruz. Ele ressuscitou da sepultura e ao fazê-lo obteve a vitória sobre o pecado e a morte.

Ele fez isso para que pudéssemos ser perdoados e assim ficar livres da culpa, do medo e da condenação. Ele tornou possível vivermos a nossa vida em toda a sua plenitude, começando aqui na terra. O perdão dos nossos pecados é pura graça; não tivemos que fazer nada para merecer isso. No entanto, espera-se que nos afastemos do nosso estilo de vida pecaminoso. Sim, é isso que significa o verdadeiro arrependimento, deixar para trás os nossos velhos hábitos e abraçar os caminhos de Deus. Jesus nos diz para parar de pecar (Mateus 18:6-9, Lucas 13:5, João 8:11) e perdoar os outros que pecam (Mateus 6:15).

Não faria mal, portanto, verificar nosso comportamento de vez em quando para ver se estamos cumprindo Seus mandamentos. Às vezes ficamos tão envolvidos em nossas rotinas diárias que nem pensamos mais em todas as nossas ações. Vivemos partes das nossas vidas no piloto automático e porque vivemos num mundo poluído pelo pecado, é fácil ficarmos enredados em práticas ímpias, mesmo sem nos apercebermos disso. O apóstolo Paulo nos avisa em Romanos 12:2 com as palavras conhecidas:

E não se conformem mais com este mundo [com seus valores e costumes superficiais], mas sejam transformados e mudados progressivamente [à medida que você amadurece espiritualmente] pela renovação de sua mente [focando em valores divinos e atitudes éticas], para que você possam provar [por si mesmos] qual é a vontade de Deus, aquilo que é bom, aceitável e perfeito [em Seu plano e propósito para vocês].

Não se conformem mais ... isso indica que já nos conformamos com o padrão do mundo, talvez até sem saber. Vamos dar uma olhada mais de perto nos caminhos do ladrão e descobrir se é necessária ação em alguma área de nossas vidas.

Roubando Coisas

Esta é a forma mais óbvia de roubo; tirar os bens de outra pessoa sem permissão, seja de uma loja, de uma casa, de um carro ou de uma empresa. Agora, a maioria de nós provavelmente não sai por aí roubando coisas da loja ou invadindo as casas das pessoas para fugir com dispositivos eletrônicos caros. Há uma possibilidade, contudo, de roubarmos dos nossos empregadores sem sequer pensarmos nisso. Trabalhei como funcionária temporária em muitas empresas diferentes por mais de vinte anos e vi materiais de escritório, papel para impressão, materiais de construção e até telas planas de computador desaparecerem da noite para o dia.

Agora, há uma diferença entre uma tela de computador e um marcador fluorescente; mas a raiz do problema é a mesma: sem pedir, levamos para casa algo pelo qual não pagamos. Que tal fazer algumas cópias privadas na máquina corporativa durante a hora do almoço? Achamos que está tudo bem porque somos funcionários, podemos até pensar que temos o direito de acessar os recursos que nosso chefe nos fornece. A desculpa comum é: "Todo mundo está fazendo isso!" No processo, continuamos ajustando nossos limites. Dizemos: "Ninguém sente falta de uma caneta ou de uma pasta. Ninguém sente falta de uma caixa de canetas ou de uma pilha de pastas."

A Bíblia não usa muito os termos empregador e empregado; e sim os termos mestre e escravo, mais apropriados para a época. Os princípios relacionais, no entanto, ainda são os mesmos. Com isso em mente, veja se você consegue se identificar com a maneira como as relações de trabalho são descritas em Tito 2:9-10:

Os escravos devem submeter-se aos seus senhores e agradá-los em todas as coisas. Eles não devem ser respondões a eles ou roubá-los. Em vez disso, devem mostrar que são sempre bons e fiéis, de modo a dar crédito ao ensino sobre Deus, nosso Salvador, em tudo o que fazem.

Muito claro, não é? Por que não pedir permissão para levar algo para casa para uso pessoal? Por que não ser honesto, mesmo nas pequenas coisas? Por favor, não se esqueça; se você é conhecido como cristão no trabalho, será vigiado. O tempo todo! Como podemos ver na escritura acima mencionada, devemos mostrar que somos bons e fiéis e, ao fazê-lo, seremos testemunhos vivos onde quer que formos, inclusive no local de trabalho.

Roubando Tempo

Hoje, milhões de pessoas usam internet, WiFi e smartphones durante o horário de trabalho para recuperar e-mails, enviar cartas, consultar a bolsa de valores, encomendar livros, acompanhar as redes sociais e quaisquer outras coisas interessantes que possam estar acessíveis. Muitas vezes, o uso do telefone pessoal e da internet no trabalho começa com quinze minutos durante o horário de almoço e se estende lentamente quando o chefe não está olhando ou chega atrasado.

Horas e horas de tempo precioso são desperdiçadas todos os dias por funcionários sentados atrás de telas de computadores e telefones, fazendo coisas que não deveriam fazer no trabalho. Deixe-me dizer com ousadia (e também estou falando comigo mesma!): estamos roubando tempo de nossos empregadores. Não apenas tempo, mas também dinheiro, já que somos pagos por isso. Estamos utilizando para nós horários reservados à empresa.

Você pode estar pensando que estou levando isso muito a sério, mas imagine o que está acontecendo em um país tão grande como os EUA, por exemplo. Provavelmente estamos falando de milhões de horas todos os dias aqui. Pessoalmente, aprendi que é útil, para minha própria proteção, verificar regularmente a utilização da internet, no trabalho e em casa. Quanto tempo estou gastando na internet? Estou perdendo tempo na internet? Estou tentando esconder coisas quando o chefe chega? Tudo que assisto é útil? A Bíblia dá conselhos em Colossenses 3:22-23,

Escravos, obedeçam aos seus senhores humanos em todas as coisas, não apenas quando eles estiverem observando vocês porque vocês desejam obter a aprovação deles; mas faça isso com um coração sincero por causa de sua reverência ao Senhor. Faça o que fizer, trabalhe de todo o coração, como se estivesse trabalhando para o Senhor e não para as pessoas.

Roubar tempo acontece de várias maneiras no mundo corporativo. Lembro-me de quando comecei a trabalhar como funcionária temporária, nos EUA. Logo percebi que meus colegas de trabalho saíam para o almoço, voltavam duas horas depois com o almoço em um saco de papel e comiam na frente de todos os outros! O cheiro de batatas fritas ou burritos permanecia no escritório a tarde toda. Fiquei perplexa com tudo isso. Se a pausa para o almoço não fosse para o almoço, para que servia? Depois de um tempo, não pensei mais nisso. Acho que aos poucos me acostumei com a ideia.

Estou trazendo isso como um exemplo para mostrar como é fácil adaptar um comportamento que em sua essência é errado. Nós nos adaptamos, simplesmente porque todo mundo está fazendo isso. Não creio que nos faria mal verificar as nossas próprias atitudes em relação a estas coisas. Acredito que se quisermos seguir o caminho de Jesus devemos dizer não ao caminho do ladrão. Provérbios 20:6 diz:

Todo mundo fala sobre o quão leal e fiel ele é, mas tente encontrar alguém que realmente seja!

Também é possível roubar um tempo precioso da família e dos amigos, apenas falando sem parar ao telefone. Louve a Deus pela comunicação moderna. E-mail, telefone, internet, tudo é maravilhoso, desde que não abusemos. Adoro conversar com meus familiares no exterior e trocamos atualizações sobre nosso trabalho, o clima, as próximas férias, etc.

Meu marido e eu viajamos por todo o mundo e mantemos contato com entes queridos por telefone e internet. Podemos realmente animar as pessoas enviando-lhes um cartão ou telefonando-lhes e dando-lhes uma palavra gentil. Espero que fique claro que não estou falando sobre isso aqui. Estou falando de conversas inúteis, reclamações ou fofocas ao telefone, sem perceber que a outra pessoa pode estar no meio do trabalho ou a caminho de fazer outra coisa.

Conheci pessoas que sempre reclamam de não ter tempo para fazer e organizar tudo; mas quando os vejo, eles estão sempre falando ou olhando para o celular. Se você, mesmo que vagamente, tem a sensação de que passa muito tempo falando ao telefone ou conversando no computador, tente pensar com antecedência no que deseja compartilhar ou perguntar e esteja determinado a ser breve. Acredito que com o uso irrestrito do celular e da internet estamos roubando um tempo precioso das vinte e quatro horas que nos foram dadas naquele dia (sejamos sinceros: poderíamos fazer um milhão de outras coisas ao mesmo tempo) e também estarmos roubando tempo da pessoa com quem estamos conversando.

Já vi adolescentes repetirem um ano na escola, como resultado de muita conversa em seus celulares ou atrás de seus consoles de videogames. Eles roubaram de si mesmos um ano inteiro de precioso tempo de educação. Os jogos podem ser divertidos, as conversas por telefone e computador podem ser maravilhosas, mas vamos tentar mantê-las curtas. Simplesmente diga a seus amigos e familiares que o tempo é precioso para você e que você gosta de manter suas conversas telefônicas curtas e suas contas com um custo mais baixo.

Provérbios 10:19 nos adverte:

Quanto mais você fala, maior a probabilidade de você pecar. Se você for sábio, ficará quieto.

Bem, com todo o barulho e conversa interminável que nos rodeia hoje em dia, a sabedoria tornou-se escassa, com certeza.

Deixe-me terminar este capítulo com uma palavra de sabedoria de Eclesiastes 3:7, onde diz que há um tempo para tudo:

Tempo de calar e tempo de falar.

O silêncio nunca é uma perda de tempo!

Medite no seguinte:

- *Faço as coisas só porque todos estão fazendo?*
- *Considero-me honesto e fiel?*

Registre os seus pensamentos:

6

Diga "não" ao ladrão!

Seja generoso, e você será próspero. Ajude aos outros , e você será ajudado.

Provérbios 11:25

Roubando coisas e roubando tempo. Nunca imaginei que isso pudesse chegar tão perto. Vamos continuar um pouco mais e olhar mais de perto os caminhos do ladrão e descobrir se é necessária ação em alguma área de nossas vidas.

Roubando Alegria

Você reconhece a seguinte situação? Você acorda de bom humor; o resto do dia parece maravilhoso. Você gosta da sua aparência no espelho; você tem dinheiro no bolso e algum tempo de sobra no final da tarde para passear na praia. Resumindo, será um dia maravilhoso. Você faz check-in no trabalho, saboreia seu café quente e começa a trabalhar. De alguma forma, cerca de uma hora depois, você começa a se perguntar o que aconteceu com você. Você se sente irritado, não gosta do seu trabalho e parece que este é o dia mais longo da sua vida. O que cargas d'água aconteceu? Para onde foi sua alegria?

Se isso lhe parece uma situação familiar, você já experimentou como é quando alguém rouba sua alegria. Alguém sugou a sua vida. Talvez você nem tenha percebido, mas aconteceu mesmo assim. Isso aconteceu com os gálatas. O apóstolo Paulo mal reconheceu as pessoas quando as visitou novamente: "Vocês estavam tão felizes, o que lhes aconteceu?" Uma outra tradução diz: "O que aconteceu com toda a sua alegria?" (Eles perderam a alegria por causa do legalismo, assim sendo, devemos perguntar-nos regularmente: "Será que protejo a minha alegria ou sou um daqueles que sempre tentam derrubar os outros, simplesmente por não suportar o otimismo deles?"

Em meu primeiro livro, Sacred Sabbath[4], escrevi um capítulo inteiro sobre alegria e chamei-o de felicidade divina. De acordo com Neemias 8:10 a alegria do Senhor é a nossa força. Se perdermos a alegria, perderemos a força. Seremos como Sansão sem cabelo! Quando atacados, perderemos; seremos como um lutador sem armadura, indefeso. Por outro lado, se roubarmos a alegria dos outros, falando negativamente, por exemplo, iremos enfraquecê-los.

---

[4] Veja a Bibliografia, em anexo

Devemos encorajar uns aos outros e edificar uns aos outros, como afirma 1 Tessalonicenses 5:11, e não reprimir uns aos outros. O versículo 16 do mesmo capítulo diz: "Alegrai-vos sempre!" Como cristãos, temos um chamado para sermos alegres. Onde quer que apareçamos em cena, o ambiente tem que melhorar.

Roubando de Deus

O livro de Malaquias contém um oráculo, que é um anúncio divino de Deus. Leia parte dela conforme está escrito em Malaquias 3:8-10 :

"Será que um mero mortal roubará a Deus? Mesmo assim você me rouba."

"Mas você pergunta: "Como estamos Lhe roubando?" "Nos dízimos e nas ofertas. Você está sob uma maldição – toda a sua nação – porque está me roubando. Trazei todo o dízimo à casa do tesouro, para que haja mantimento em minha casa. Teste-me nisso", diz o Senhor Todo-Poderoso, "e veja se não abrirei as comportas do céu e derramarei tantas bênçãos que não haverá espaço suficiente para armazená-las."

Deus está falando aqui sobre o dízimo, o décimo da nossa renda que pertence a Ele. De alguma forma, as pessoas não estavam trazendo todo o dízimo para o templo. Em nossos tempos modernos, isso seria o mesmo que dizer que você dá a Ele seus dízimos, mas na realidade está dando apenas quatro por cento de sua renda, por exemplo. Isso não é dízimo. Dízimo é dar a Deus dez por cento de tudo o que entra.

O dízimo é apenas um treinamento para doações generosas, conforme ensinado aos crentes do Novo Testamento. A parte mais interessante sobre Seu oráculo em Malaquias 3 é o versículo 6:

Eu, o Senhor, não mudo.

Deus nos fala as mesmas palavras que falou aos israelitas. Ele não mudou de ideia. Ele não quer que roubemos Dele ou de outros, e ainda quer nos abençoar além da nossa imaginação, caso obedecermos.

Os exemplos anteriores são apenas isso, exemplos. Existem inúmeras maneiras de roubar algo, provavelmente sem perceber. É possível roubar ideias ou conceitos de negócios. É possível roubar a dignidade de alguém através de manipulação ou abuso físico. É possível roubar a liberdade de uma nação ou de um povo através de pressão política ou tortura. E a evasão fiscal? Que tal roubar o parceiro de alguém tendo um caso? E assim por diante.

Roubar é mais do que tirar o biscoito do pote. Roubar tem suas raízes em querer mais, mais e mais. É o caminho do ladrão, um caminho perverso que levará à destruição. Foi por isso que Jesus fez esse sério aviso em

João 10:10: o ladrão vem apenas para roubar, matar e destruir. Devemos dizer não aos caminhos do ladrão!

É tarefa do inimigo entorpecer os nossos sentidos para o fato de estarmos a ser desonestos ou gananciosos. Ele quer empurrar seu caráter vil para nós. Graças a Deus pela segunda parte daquele versículo onde Jesus apresenta um plano mais elevado para a humanidade: uma vida melhor, como resultado de Sua graça abundante!

Medite no seguinte:

- *Como posso dar a Deus? Como vejo o dízimo?*
- *Em que áreas da minha vida posso me tornar um doador?*

Registre os seus pensamentos:

Ore em voz alta:

Querido Pai celestial, obrigado pela Tua Palavra. Ainda posso aprender com ela hoje. Obrigado por abrir meus olhos para os Teus ensinamentos. Eu quero ser desafiado. Percebo que o Senhor quer que eu tenha uma vida real, uma vida em toda a sua plenitude.

Espírito Santo, ajude-me a mudar meus caminhos e a renovar minha mente. Quero ficar entusiasmado com a Verdade. Não quero mais dar espaço aos métodos enganosos do ladrão. Quero seguir Tuas instruções. De agora em diante quero ser controlado pelo Espírito, porque sei que isso me levará à vida!

Em nome de Jesus Cristo, eu peço isso. Amém.

Parte II

As Bênçãos

Eu vim para que tenham vida.

João 10:10

7

Graça abundante

Ele nos salvou e nos chamou para sermos o Seu próprio povo, não por causa do que fizemos, mas por causa do Seu propósito e da Sua graça.

2 Timóteo 1:9

Nos capítulos anteriores, examinamos a advertência que Jesus deu a respeito dos caminhos do ladrão. Verificamos certas áreas de nossas vidas para ver se ainda somos controlados, de alguma forma, pelos métodos enganosos do ladrão. Não há problema em fazer isso, todo mundo faz isso, e isso não vai me prejudicar, são na verdade sussurros do inimigo. Seu objetivo é tirar nossas vidas. Seu objetivo é impedir-nos de entrar numa vida em toda a sua plenitude.

O objetivo de Jesus, porém, é dar-nos essa vida. A primeira e mais importante ação que Jesus tomou para nos dar essa vida foi dar a Sua própria vida. Em João 10:11 Ele diz:

Eu sou o bom pastor, que está disposto a morrer pelas ovelhas. [Ele explica mais no versículo 17] *O Pai me ama porque estou disposto a desistir da minha vida para poder recebê-la de volta.*

Jesus entendeu o princípio do reino de dar para receber. Ele praticou isso da maneira mais radical e definitiva. Ele deu Sua vida pelos outros para recebê-la de volta de Deus. Isso parece estranho, mas é um princípio que podemos ver em toda a Bíblia; dê e será dado a você. Dar está sempre ligado a uma bênção e por isso é muito melhor do que roubar.

Jesus ensinou este princípio às pessoas do Seu tempo que não conseguiam realmente compreender o conceito de abandonar as coisas para recebê-las de volta. Bem, não estamos lutando para aceitar o mesmo ensinamento hoje? Em Lucas 6:38 Jesus diz:

Dê aos outros e Deus dará a você. Na verdade, você receberá uma medida completa, uma ajuda generosa, colocada em suas mãos – tudo o que você puder segurar.

Ele sabia que todos queriam receber, mas poucos queriam ser doadores. Ele sabia que as pessoas sempre clamariam por mais, sempre pediriam e sempre encontrariam maneiras de acumular, por isso Ele deu Sua própria vida como exemplo. Jesus foi (e é) um doador. Ele nos deu Seu amor para que recebesse nosso amor em troca! Dar é amar; amar é dar. 1 João 3:16 diz:

É assim que sabemos o que é o amor: Cristo deu a sua vida por nós. Nós também, então, devemos dar a nossa vida pelos outros!

Uau. Jesus é de fato nosso exemplo máximo. Ele tem a natureza oposta do ladrão, que sempre quer roubar e é controlado por sua mentalidade de acumulação. Jesus dá livre e abundantemente; Ele deu tudo. Ele nos deu tudo porque deseja que sigamos Seus passos. Ele quer que nos tornemos doadores também.

De acordo com Lucas 6:38, somente os doadores podem receber abundantemente de Deus. Podemos orar, implorar, chorar e gritar para que Deus nos abençoe abundantemente, mas isso não acontecerá até que doemos aos outros. Nossas doações definem a medida de Suas bênçãos para nossas próprias vidas, de acordo com as palavras de Jesus nesta passagem; o quanto receberemos depende de nós. A régua de medição está em nossas mãos, por assim dizer. Na última parte de Lucas 6:38 Jesus acrescenta:

A medida que você usa para os outros é a que Deus usará para você!

Eu não estou inventando isso; Jesus diz isso. Será que realmente acreditamos que Deus nos abençoará com enormes aumentos se Lhe dermos nossos dízimos com moderação e nem um centavo a mais, se nunca Lhe dermos com alegria uma oferta de agradecimento e se continuarmos jogando nossos pequenos trocos na caixa de ofertas? Muitas pessoas pedem a Deus carros e casas, mas não estão dispostas a oferecer mais do que alguns dólares, o preço de um café com leite duplo, quando surge uma oportunidade.

O que esperamos quando usamos uma medida muito restrita? A Palavra de Deus é clara e simples quando se trata de dar e receber. A atitude de Jesus foi: Quero todos vocês, então dou tudo. Ele usou a medida certa: Sua vida.

Agora, Deus é um Deus absolutamente incrível porque Ele compartilha tudo o que Ele tem conosco. Leia as seguintes Escrituras em voz alta e diga a si mesmo o que você receberá de Deus, se você entregar a Ele sua vida:

Eu receberei a vida eterna (João 10:28)

Receberei as chaves do Reino dos céus (Mateus 16:19)

Receberei autoridade sobre os espíritos malignos (Marcos 6:7)

Ser-me-á dado o conhecimento dos segredos do Reino de Deus (Lucas 8:9)

Eu receberei o Espírito Santo quando eu pedir a Ele (Lucas 11:13)

Receberei o direito de me tornar filho de Deus (João 1:12)

Na minha união com Cristo, Ele me abençoará dando-me todas as bênçãos espirituais do mundo celestial. (Efésios 1:3)

Eu provavelmente poderia preencher todo este livro com todas as coisas que Deus nos dá através de Jesus. Se nos foi dado tanto (tudo o que possivelmente precisamos), por que continuamos pedindo mais?

Ouça a maioria das orações que oferecemos. Observe nossa atitude na igreja e concentre-se nas perguntas do grupo de oração. "Deus, o Senhor ..., Deus, me abençoe..., Deus, por favor, nos dê..." e assim continuamos. Muitas vezes até pedimos coisas que Deus já nos deu. Nem sabemos o que possuímos. Agregamos tantas coisas espirituais que continuamos pedindo coisas que já recebemos.

Deus responde aos meus pedidos de oração frequentemente com uma leitura bíblica que surge em minha mente. A conversa é mais ou menos assim:

Eu: *Deus, por favor me dê paciência*

Espírito Santo: *mas o fruto do Espírito é... paciência* (Gálatas: 5:22)

Eu: *Deus, por favor, me dê paz nesta situação*

Espírito Santo: *é a minha paz que Eu te dou (João 14:27)*

Eu: *Deus, por favor, me dê sabedoria.*

Espírito Santo: *Mas Deus vos trouxe à união com Cristo Jesus, e Deus fez de Cristo a nossa sabedoria (1 Coríntios 1:30)*

Eu: *Deus, me abençoe*

Espírito Santo: *Pois em união com Cristo vocês se tornaram ricos em todas as coisas, inclusive em toda palavra e em todo conhecimento (1 Coríntios 1:5)*

Tudo o que eu peço, Deus muitas vezes responde através da Sua Palavra. Como resultado disso, posso reformular meus pedidos. Minha oração é: "Deus, por favor, ajude-me a usar a paciência que o Senhor me deu. Preciso praticar." E, ah, sim, Deus me dará situações para praticar.

Medite no seguinte:

- *Quais os dons, talentos, bênçãos e pessoas preciosas que Deus me deu?*
- *Como estou usando os dons e bênçãos de Deus?*

Registre os seus pensamentos:

8

Mais, mais, mais

O grupo de crentes era um em mente e coração. Nenhum deles disse que algum de seus pertences era seu, mas todos compartilhavam entre si tudo o que tinham.

Atos 4:32

Temos de nos colocar uma questão muito séria: se nos foi dado tanto, por que continuamos a pedir mais? Em nossas igrejas estamos gritando, berrando e clamando a Deus para nos abençoar. Muitas vezes parecemos pensar que quanto mais alto, melhor.

Mas você quer saber? Acredito que já somos abençoados como corpo de Cristo. Leia 1 Coríntios 1:5 novamente. Leia em voz alta. Leia cinco vezes! Torne isso pessoal, preencha com seu próprio nome, preencha o nome de sua igreja e grite do alto:

Pois em união com Cristo você se tornou rico em todas as coisas, inclusive em toda palavra e em todo conhecimento.

Recebemos tudo. Agora é a hora de usá-lo. Não temos mais nenhum assunto a tratar com o ladrão; não precisamos agregar mais, pedir mais ou simplesmente conseguir mais. Recebemos tudo. Estamos armazenando e continuamos pedindo mais. Não estamos fazendo o mesmo que Adão e Eva fizeram? Eles tinham tudo o que precisavam e desejavam: paz com Deus, um lindo lugar para morar, sem sogros malucos e domínio sobre a terra. Eles tinham uma vida perfeita. No entanto, eles queriam mais. Eles não eram doadores; eles eram exploradores. Eles caíram nos caminhos do ladrão. Essa mesma mentalidade é a nossa natureza humana. Sempre queremos mais, mesmo que tenhamos o suficiente.

Um dia, eu estava dirigindo pela rodovia 405, no sul da Califórnia, e vi um outdoor que dizia em letras grandes: "Vocês, californianos, querem sempre mais, mais, mais." Era um anúncio de um determinado carro com uma potência ridícula. É claro que este anúncio não se dirige apenas ao pessoal da Costa Oeste; fala com todos nós. Quando vamos parar de pedir mais? Adoramos comprar, colecionar, armazenar, possuir, tomar, guardar e valorizar.

Certa vez, trabalhei meio período em um desses locais de auto armazenamento por um tempo. O auto armazenamento tem sido um negócio em expansão na América nas últimas décadas. Eles apareceram como cogumelos por todo o país. O conceito me intrigou. Para que as pessoas precisam desses cubículos? Um dia resolvi perguntar ao gerente. Ele me disse que as pessoas armazenam coisas nesses lugares e pagam por isso. "Que tipo de coisa?" perguntei curiosamente. Sua resposta me deixou sem palavras: "Ah, só coisas que eles não precisam." Devo ter parecido um tanto idiota com a boca aberta e um grande ponto de interrogação acima da cabeça. As pessoas realmente pagam alguém para guardar coisas de que não precisam?! Isso me surpreendeu. E a garagem? Eles não podem guardar na garagem?

Bem, todo mundo sabe a resposta para isso, presumo. A garagem é para o carro. Nem preciso dizer que a maioria dos carros acaba na rua, porque a garagem está cheia de coisas que ninguém precisa. No entanto, está um degrau acima das coisas que provavelmente nunca mais precisaremos. Não estou tentando ser engraçada. Estou usando esta analogia porque ela também se aplica à nossa vida espiritual.

Armazenamos tantas ideias, tantos ensinamentos, tanto conhecimento, tantas revelações e tudo o que conseguimos em nossos cadernos, enquanto corremos da igreja para uma conferência, para o estudo bíblico e para os retiros espirituais, que esquecemos o que temos armazenado. Quando precisamos de algo, não saímos revisando nossas coisas (isso nos daria muito trabalho); nós apenas saímos e compramos algo novo. Continuamos acumulando sem realmente usar o que temos, sem aproveitar os recursos que já possuímos. Essa mentalidade é o caminho do ladrão: mais, mais, mais.

Talvez você sinta que estou indo longe demais, mas ouça o que diz o Salmo 73:12:

Assim são os ímpios. Eles têm muito e estão sempre conseguindo mais.

Querer sempre mais é um caminho perverso; isso não agrada a Deus.

Para nos tornarmos verdadeiros doadores, temos que abandonar a nossa atitude de querer ter sempre mais. Acredito que precisamos nos livrar de nossa mentalidade de armazenamento. De acordo com as palavras de Jesus em Mateus 19:21, devemos trocar nossos bens terrenos pela verdadeira riqueza no céu. Olhando para trás, para a parte I deste livro, temos que nos perguntar novamente: preferimos mais receber do que doar? Armazenamos tesouros ou distribuímos tesouros?

Agora, não fique bravo comigo porque parece que estou endossando a venda de nossos bens (a propósito, era Jesus). Eu não disse isso; Só quero que verifiquemos o nosso estoque. Talvez possamos descobrir por que nós armazenamos tanto, por que ajuntamos tanto e por que nos apegamos a coisas que provavelmente nunca mais usaremos. Ser doador não é apenas jogar algum dinheiro na coleta da igreja. É um estilo de vida! Significa não estar apegado ao tempo, ao dinheiro e aos bens, mas apenas aproveitá-los. Significa ser capaz de dar quando há necessidade, e não apenas quando nos convém.

Olhar para as nossas circunstâncias naturais pode ser de grande ajuda na compreensão do nosso estado espiritual. Você está morando em uma casa cheia de coisas? Suas gavetas são caóticas? A sua garagem é um armazém privado? Você paga pelo auto armazenamento? Você é um colecionador? Se você responder sim a uma ou mais dessas perguntas, tente ser honesto ao examinar sua vida espiritual. Você realmente procura usar os dons que Deus lhe deu? Ou você sempre pede mais? Você tentou honestamente aproveitar os recursos infinitos que Deus colocou em você quando recebeu sua nova vida espiritual?

Jesus foi e é um doador. Sua mensagem foi e é: dê e será dado a você. Ele nos alerta sobre a mentalidade de armazenamento em Mateus 6:19,

Não acumulem riquezas aqui na terra, onde a traça e a ferrugem destroem, e os ladrões arrombam e roubam.

Medite no seguinte:

- *O que pode ser retirado da minha garagem/depósito? Estou disposto/a abrir mão das coisas que não uso?*
- *Como posso abençoar as pessoas com as minhas coisas?*

Registre os seus pensamentos:

9

Tudo pertence a Deus

*Não se preocupem com as perdas, e vocês descobrirão
que todas as suas necessidades serão satisfeitas.*

Mateus 6:33 (A Mensagem)

Tornamo-nos ricos em todas as coisas em nossa união
com Cristo (1 Coríntios 1:5). Essa é uma verdade que
realmente precisamos compreender e aceitar. Mostra o
caráter de Deus. Ele é um doador; Ele deu seu Filho, que
nos deu a vida.

Se Deus nos deu tanto, por que às vezes hesitamos
quando se trata de retribuir? A Mensagem diz em 2
Coríntios 8:9:

*Vocês conhecem a graça generosa do Senhor Jesus
Cristo. Ele era rico, mas deu tudo por nós. Tornou-se
pobre, para que nós nos tornássemos ricos.*

Se somos tão ricos, se Deus nos deu tanto, como é que
ainda temos a sensação de que Deus nos pede para
darmos com os nossos próprios recursos? Como é que
calculamos o custo quando doamos, partilhamos,

prometemos ou doamos? Temos medo de ficar sem bens ou sem dinheiro? Temos medo de perder as bênçãos que Deus vai derramar? É claro que sei que precisamos ser bons administradores quando se trata de administrar nosso dinheiro, um bom plano orçamentário pode realmente nos poupar muitos problemas.

Mas posso dizer que a maioria das nossas ofertas são mais restritas e calculadas do que as nossas despesas no shopping, no campo de golfe e online. Gastar dinheiro é fácil e divertido, até a hora de oferecer; de repente ficamos muito sérios e reservados. De alguma forma, vemos tudo o que possuímos como nosso e cada vez que doamos algo, seja tempo, dinheiro ou bens, dizemos adeus a uma parte de nós mesmos.

Na realidade, nada é realmente nosso; tudo nos foi dado para usarmos enquanto estivermos aqui na terra. Deus teve que explicar isso aos israelitas em Levítico 25:23:

A sua terra não deve ser vendida de forma permanente, porque você não é proprietário dela; pertence a Deus, e vocês são como estrangeiros que podem fazer uso dela.

Deus deu aos israelitas tudo o que eles precisavam e eles começaram a tratar as coisas como se fossem suas. Deus declara Sua propriedade sobre tudo muitas vezes ao longo da Bíblia. Por exemplo, em Deuteronômio 10:14,

Ao Senhor teu Deus pertencem os céus, até os céus mais altos, a terra e tudo o que nela existe.

Por favor, que não haja mal-entendidos sobre isso. Ao longo dos tempos, as pessoas podem ter tratado as coisas, o tempo e o dinheiro como se fossem seus, mas, na realidade, tudo pertence ao Senhor.

Na verdade, nós nos limitamos quando chamamos certas coisas de nossas. Compartilhar os recursos infinitos de Deus nos tornará as pessoas mais ricas do planeta! Chamar as coisas de nossas pode nos tornar possessivos e talvez até um pouco gananciosos. Compartilhar as riquezas da terra e do céu com Deus e com os outros nos tornará generosos, pois é um recurso inesgotável.

Acredito que na América a maioria das pessoas tem um espírito de caridade; doamos aos projetos sociais, apoiamos os sem-teto, organizamos campanhas de recolha de alimentos e colocamos os nossos dólares na caixinha de coleta no K-mart. Damos porque temos mais do que suficiente; damos porque somos uma nação abençoada.

No mundo ocidental, somos capazes de dar oferendas da nossa abundância (o que é verdadeiramente maravilhoso), e isso quase nunca nos coloca em situações difíceis. Sejamos realistas: na maioria das vezes doamos o que não precisamos mais (sim, as coisas que nem valem o aluguel do armazenamento) ou o dinheiro que podemos poupar. Calculamos nossas doações.

Agora, Jesus tem outra coisa em mente; Ele fala sobre doações revolucionárias. Vimos isso quando Ele conversou com o rico em Mateus 19:21, onde o aconselhou a vender seus bens e dar aos pobres. Jesus não fala sobre doações calculadas que são dedutíveis do imposto de renda, Ele explica dar do jeito que Ele gosta: grátis, generoso e feliz. Ele nos ensina novamente sobre a verdadeira doação (não a quantia, mas a atitude é o que conta) em Lucas 21:3-4, quando diz:

Digo-vos que esta pobre viúva deu mais do que todas as outras pessoas. Pois os outros deram suas ofertas com o que tinham de sobra de suas riquezas; mas ela, pobre como é, deu tudo o que tinha para viver.

Este encontro mostra-nos que devemos deixar de olhar as coisas de um ponto de vista mundano. Uma nota de cem dólares vale mais do que uma nota de um dólar, de acordo com a nossa maneira de pensar. De acordo com o modo de pensar de Jesus, um dólar vale mais do que cem quando é tudo o que você tem. A quantidade da nossa doação não importa para Deus (lembre-se: Ele é dono de tudo de qualquer maneira), é a atitude que conta.

É fácil ser um doador feliz, desde que tenhamos mais do que o suficiente para nós mesmos, mas ser um doador quando tememos a falta é muito mais difícil. Muitos de nós trabalhamos duro para agregar as coisas que possuímos: nossa casa, móveis, eletrodomésticos, roupas, um ou dois carros, etc. É fácil dar quando podemos substituir os bens por algo novo ou melhor, mas como é que fica quando temos de dar coisas as quais não queremos abrir mão? É por isso que vender as nossas coisas a uma loja de coisas segunda-mão nos trazem algum alívio: ao vendê-las, recebemos em troca algum dinheiro que nos fornecerá coisas novas.

De alguma forma, sentimos que tudo o que doamos ou vendemos aos outros precisa ser substituído por algo mais novo, melhor ou maior. Como sentimos que doamos nossos próprios recursos, também sentimos a necessidade de substituir e acrescentar coisas novas para manter o equilíbrio. Às vezes nem damos porque queremos ter menos, damos porque precisamos de espaço para outra coisa.

É aqui que temos que mudar o nosso pensamento de acordo com os ensinamentos de Jesus. Temos que parar de considerar tudo como nossas coisas, nosso tempo, nosso dinheiro e nossas propriedades. Quando chegarmos ao ponto em que somos capazes de acreditar honestamente que tudo pertence ao Senhor e que Ele suprirá tudo o que precisamos, podemos doar gratuitamente, tal como Jesus aconselha o jovem em Mateus 19:21. Quando chegarmos ao ponto em que verdadeiramente entendemos e percebemos que tudo nos foi dado (todo o reino) e que temos acesso a um suprimento inesgotável de bênçãos e dádivas, podemos doar gratuitamente.

Não precisamos mais nos preocupar em substituir coisas, porque Deus cuidará disso! Cada vez que Ele nos vir dando, Ele se lembrará de Sua promessa para nós, conforme mencionado em Lucas 6:38.

Dê e será dado a você!

O fluxo nunca irá parar. Só para quando paramos de dar.

Medite no seguinte:

- *Será que sou possessivo/a?*
- *Acredito verdadeiramente que Deus suprirá todas as minhas necessidades?*

Registre os seus pensamentos:

10

Virando a chave

*Até mesmo leões jovens e fortes às vezes passam fome,
mas aqueles que confiam no Senhor não terão falta de
nada de bom.*

Salmos 34:10

Talvez você esteja pensando agora, ok, se eu ofertar, Deus garante que Ele me dará e eu não preciso me preocupar, pois nada irá faltar, mas de alguma forma ainda sinto que estou doando parte de mim. O dinheiro pelo qual trabalhei tanto, o tempo que é tão precioso para mim, as coisas pelas quais paguei muito dinheiro: como faço para me livrar dessa possessividade? Como posso abrir mão livremente do que tenho?

Há um versículo absolutamente incrível em 2 Coríntios 9:10 e 11. Por favor, tome nota disso.

E Deus, que fornece a semente ao semeador e o pão para comer, também lhe fornecerá toda a semente de que necessita e a fará crescer e produzir uma rica colheita a partir da sua generosidade. Ele sempre o tornará rico o suficiente para ser generoso em todos os momentos, para que muitos agradeçam a Deus pelos dons que recebem de nós.

Deus é quem fornece a semente que plantamos. Leia aquela Escritura novamente. Não diz: "Deus, que fornece sementes para os cristãos, ou para as pessoas boas, ou para os americanos." Diz que Deus fornecerá sementes para o semeador. Para quem está disposto a doá-lo. Não é nosso. Ele nos dá para doarmos e promete sempre nos tornar ricos o suficiente para sermos generosos em todos os momentos. Deus dá para que possamos ser doadores! Isso parece ilógico para você? Talvez uma metáfora que meu pastor, em Ventura, me ensinou possa ajudar.

Imagine que alguém lhe dá uma maçã. Você agradece a ele por isso. Você come a maçã, aprecia o sabor e se fortalece com suas vitaminas. O que aconteceu aqui é que você recebeu uma semente, mas não lhe deu chance de crescer e se reproduzir. Você poderia ter plantado a maçã em solo bom, esperado que uma árvore surgisse e então teria centenas de maçãs para comer e distribuir.

Este princípio atua todos os dias em nossas vidas. Recebemos todo tipo de coisas de Deus, seja tempo, dinheiro, saúde, bens ou talentos. Lembre-se do que lemos antes: tudo pertence a Deus. Ele nos dá uma semente para semearmos e produzirá uma rica colheita para nós. Cabe a nós seguir o caminho do ladrão (querer mais, mais, mais para nós ou, em outras palavras, comer a maçã) ou o caminho de Jesus (dar de graça ou, em outras palavras, plantar a semente). Este não é um risco que corremos; isso não é jogo. Já sabemos o resultado da nossa ação. O caminho do ladrão trará destruição; o caminho de Jesus trará vida, uma vida em toda a sua plenitude!

Às vezes nos preocupamos muito com nossas doações. Eu poderia usar o dinheiro para outra coisa. Tenho contas para pagar esta semana. Preciso desse tempo para mim. Como a minha doação será usada? Temos que mudar a nossa atitude; caso contrário, continuaremos a preocupar-nos com as mesmas coisas daqui a vinte anos.

Quando meu marido e eu começamos nossa caminhada com o Senhor, nosso padrão de pensamento ainda era assim. Até o dia em que meu marido e eu literalmente dissemos ao Senhor: "Tudo o que temos é seu. Por favor, ensine-nos e mostre-nos como lidar com isso e como ser bons administradores." Lembro-me de que oramos por nosso dinheiro, cartões bancários, talões de cheques e carteiras, e dedicamos tudo a Deus. Um dia recebi um telefonema de um homem que afirmava ter encontrado a carteira do meu marido (ainda não a tínhamos perdido) com o nosso número de telefone dentro. Fiquei feliz por uma pessoa tão honesta, e meu marido foi imediatamente à casa do homem para pegar sua carteira.

Ao chegar em casa, algo estranho aconteceu: o homem confessou que não encontrou a carteira; ele a havia roubado. Ele explicou como começou a ouvir uma voz muito alta em sua cabeça dizendo: "Devolva! Devolva!" Tornou-se tão intimidante que ele não conseguia mais guardar a carteira em casa. Ele escondeu-a no jardim, mas a voz continuou a incomodá-lo até que ele pegou o telefone para nos ligar. Meu marido ficou tão comovido com a confissão que mesmo assim deu ao homem o dinheiro que estava na carteira e disse-lhe para não roubar novamente!

Em casa, nos alegramos muito com tudo isso; nós simplesmente sabíamos que Deus estava no controle. Sabíamos que poderíamos confiar a Ele o "nosso" dinheiro! Eu realmente acredito que foi um ponto de viragem na nossa atitude possessiva. Deus certamente nos fornecerá tudo o que necessitamos, desde que nos concentremos primeiro em Seu reino. Não tivemos que pedir de volta nossos bens roubados (Lucas 6:30); o ladrão se apresentou a nós, e naquele momento o seu encontro com Deus foi muito mais importante que o dinheiro. Deus usou o dinheiro que Ele nos confiou para levar esse homem ao arrependimento. Que conceito maravilhoso!

Tornar-se doador e deixar para trás o caminho do ladrão parece difícil. Requer uma mudança de atitude e, talvez ainda mais, uma mudança de mentalidade. Temos que aprender a nos concentrar em todas as riquezas que Deus compartilha conosco e a não nos concentrar mais no medo da falta. Temos que aprender a confiar literalmente em Deus nosso tempo, coisas e dinheiro e parar de dizer a Ele quais são nossos cálculos. Ele quer medir o nosso nível de obediência, não a nossa conta bancária. Temos que parar de considerar tudo como nossas posses. O meu, o meu, o meu lentamente se torna mais, mais, mais. Devemos decidir deixar para trás o caminho do ladrão.

Podemos começar concentrando-nos no fato de que tudo o que damos já pertence a Deus; dessa forma, ofertar fica muito mais fácil. Davi fala francamente sobre isso a Deus em 1 Crônicas 29:14 quando ele diz:

No entanto, meu povo e eu não podemos realmente dar nada ao Senhor, porque tudo é um presente Seu, e nós apenas devolvemos o que já é seu.

Tornar-se um verdadeiro doador pode parecer tão difícil para os crentes sob a Nova Aliança quanto o mandamento de não roubar era para as pessoas sob a Antiga Aliança. Contudo, temos o exemplo de Jesus, a ajuda do Espírito Santo e a graça de Deus.

Tornar-se um verdadeiro doador é fácil quando entendemos o que esses três podem fazer por nós. Assim que a luz se acender, assim que decidirmos virar a chave, estaremos a caminho de uma vida em toda a sua plenitude!

Medite no seguinte:

- *Quais são as minhas maiores preocupações na vida quotidiana?*
- *Estou disposto a dedicar meu dinheiro e meus bens ao Senhor?*

Registre os seus pensamentos:

11

As bênçãos de doar

Eu lhe digo, agora é a hora do favor de Deus.

2 Coríntios 6:2

Uma coisa é deixar para trás o caminho do ladrão e outra coisa é tornar-se um verdadeiro ofertante; seguir os passos de Jesus e dar tudo o que você tem. Uma coisa é dizer: "Eu não roubo", mas outra coisa é dizer: "Eu sou um doador". Como é que doar poderá tornar-se um desejo dos nossos corações? Como pode a doação tornar-se parte da nossa nova natureza?

Deixe-me fazer a seguinte pergunta: como um pecador pode tornar-se justo aos olhos de Deus? Como podemos nós, como seres humanos, participar da glória de Deus? Uma resposta simples: graça. É a graça de Deus que torna muitas coisas possíveis para a humanidade. Graça é uma palavra que não ouvimos muito fora da igreja, mas é muito poderosa. Favor, misericórdia ou boa vontade são mais comumente usados. O Penguin English Dictionary descreve a graça da seguinte forma: "poder sobrenatural dado por Deus à alma para capacitá-la a alcançar a virtude e a salvação".

A graça é um dos outros presentes de Deus para nós. A graça é o favor gratuito de Deus em nossas vidas; não fizemos nada para merecer isso. Quando recebemos esse presente, podemos começar a usá-lo para superar situações difíceis. O dicionário diz que é um poder sobrenatural. A Bíblia explica mais detalhadamente o que é a graça e o que ela pode fazer em nossas vidas.

Jesus, por exemplo, teve a graça de Deus em sua vida. Lucas 2:40 fala sobre a infância de Jesus:

E a criança cresceu e ficou forte; ele estava cheio de sabedoria e a graça de Deus estava sobre ele.

A graça estava com ele, isso me diz que a graça é algo extra, quase como um presente de Deus. A graça de Deus estava sobre Jesus quando Ele era criança. À medida que crescia, a graça de Deus não estava mais apenas sobre Ele, mas O preenchia. Isso me diz que Jesus cresceu na graça; Ele ficou pleno dela! O capítulo inicial do evangelho de João contém a seguinte declaração, no versículo 14:

O Verbo tornou-se homem e, cheio de graça e de verdade, viveu entre nós.

Agora, Deus não reservou Sua graça apenas para Jesus; Ele também a deu em abundância aos crentes, começando pelos primeiros discípulos. Atos 4:33 nos diz que "muita graça estava sobre todos eles", da mesma forma que estava no princípio sobre Jesus. Contudo, os discípulos também cresceram na graça. Alguns capítulos depois (Atos 6:8, o mártir Estêvão, por exemplo, é apresentado da seguinte forma:

Agora Estêvão, um homem cheio da graça e do poder de Deus, fazia grandes prodígios e sinais milagrosos entre o povo.

A graça não estava apenas sobre ele, mas o preenchia. A graça é muito mais do que um simples presente ou uma bênção; é um poder. A graça de Deus não termina na nossa salvação; podemos continuar a viver e crescer nela. Quando nos tornarmos conscientes da Sua graça, do Seu favor imerecido em nossas vidas, descobriremos que isso nos ajudará a vencer e controlar muitas situações difíceis.

Como seres humanos, temos a tendência de depender de nossas próprias forças, de travar nossas batalhas sozinhos. Não precisamos fazer isso, porque a graça de Deus está aí para nos sustentar. Precisamos aprender a estar conscientes de Sua graça em nossa vida, o que nos poupará muitos problemas, porque não é um momento único de verdade, é uma experiência contínua em nossas vidas. O apóstolo Paulo sabia disso como nenhum outro. Ele abre o quinto capítulo do Livro de Romanos com as seguintes palavras:

Agora que fomos reconciliados com Deus através da fé, temos paz com Deus através de nosso Senhor Jesus

Cristo. Ele nos trouxe pela fé a esta experiência da graça de Deus, na qual vivemos agora.

Paulo simplesmente afirma que pela fé podemos viver na graça de Deus; ele chama isso de experiência. Viver na graça de Deus é algo que se manifestará em nossas vidas para que outros vejam. A graça de Deus é um poder que apoiará o trabalho que fazemos e nos impedirá de falhar. Graça não significa que podemos descansar em nossa preguiça e deixar Deus fazer todo o trabalho.

Orando: "Deus, faça de mim um doador", sem realizar nenhuma ação, não vai mudar nada. A graça de Deus nos ajudará a nos tornarmos doadores quando começarmos a trabalhar nisso. O apóstolo Paulo deve ter experimentado isso com bastante clareza em sua própria vida, porque descreve bem o processo em poucas frases e em 1 Coríntios 15:10:

Mas pela graça de Deus sou o que sou, e a graça que ele me deu não ficou sem efeito. Pelo contrário, tenho trabalhado mais arduamente do que qualquer outro apóstolo, embora não tenha sido obra minha, mas sim a graça de Deus trabalhando comigo.

A graça de Deus está trabalhando com ele. Essa é a chave para o sucesso. Se pararmos de travar nossas batalhas sozinhos, e aceitarmos a graça de Deus, então isso funcionará conosco. Precisamos nos unir. O sucesso é garantido.

Do ponto de vista humano, é quase impossível tornar-se um verdadeiro doador no reino de Deus; temos que abandonar tantas "vacas sagradas". Com a ajuda da graça de Deus, porém, somos capazes de fazer isso. Realmente ajuda não olhar mais para os mandamentos de Deus como regras externas, mas sim como uma mudança interior. Com a ajuda do Espírito Santo, é possível mudar a nossa perspectiva e atitude de "não roubar" para "eu quero doar". João 1:17 deixa claro:

Deus deu a Lei através de Moisés, mas a graça e a verdade vieram através de Jesus Cristo.

Tentar pôr isso em prática sem aceitar a graça que Jesus nos oferece gratuitamente é inútil. Simplesmente não vai funcionar. Com a graça de Deus, porém, podemos esperar milagres e reconheceremos a Sua mão poderosa em todas as situações.

Medite no seguinte:

- *Salvo pela graça, o que isso significa para mim pessoalmente?*
- *Vivendo na graça, como posso colocar isso em prática?*

Registre os seus pensamentos:

12

Crescendo na graça

*Na plenitude da sua graça, ele abençoou a todos nós,
dando-nos uma bênção após a outra.*

João 1:16 (NVI)

Reconheceremos a mão poderosa de Deus em todas as situações, como o apóstolo Paulo fez quando começou a contar ao povo de Corinto sobre a graça que Deus havia dado às igrejas macedônias (2 Coríntios 8).

Acontece que eles deram grandes ofertas, muito mais do que Paulo esperava, embora fossem pobres. Paulo reconhece a graça de Deus nisso; o povo nunca poderia ter feito isso por vontade própria. No versículo 7 ele incentiva o povo de Corinto a começar a viver nessa graça também.

Mas já que vocês se destacam em tudo – na fé, na palavra, no conhecimento, na sinceridade completa e no amor que despertamos em vocês – destaquem-se também na graça de ofertar.

Uau, eles deviam ser uma super igreja; algo como muitas igrejas ao redor do mundo hoje, destacando-se em fé, no falar, no conhecimento, na seriedade e no amor. No entanto, faltava-lhes um ponto importante: a graça de ofertar.

Paulo os exorta a usar esse dom de Deus. Se quisermos realmente deixar para trás o caminho do ladrão e nos tornarmos verdadeiros doadores, precisaremos usá-lo da mesma forma. Paulo é gentil em sua atitude para com os coríntios; talvez ele soubesse que ofertar era um assunto delicado. Em 2 Coríntios 8:8 ele diz:

Não estou ordenando, mas quero testar a sinceridade do seu amor comparando-o com a sinceridade dos outros.

Paulo fala a linguagem do Espírito, especialmente no que diz respeito à lei de Deus. Ele não grita mais os mandamentos de Deus para seus ouvintes: faça isso, não faça aquilo e cale a boca. Não, ele explica-lhes a nova maneira de obedecer a Deus. Não se trata mais de obedecer a um conjunto de regras; trata-se de cumpri-las de uma forma amorosa. Romanos 7:6 resume a nova maneira de Paulo ver as coisas,

Não servimos mais da maneira antiga de uma lei escrita, mas da maneira nova do Espírito.

Ele não está mais tentando dizer às pessoas o que fazer (lembre-se que ele já foi um judeu zeloso, um fariseu, comprometido com a Lei), ele não é mais movido pelos sinais externos da religião. Em vez de enfiar os Dez Mandamentos goela abaixo das pessoas, ele as exorta a mudarem de ideias, a obedecerem a Deus de dentro para fora e a serem sinceras no seu amor por Deus e pelos outros. Ele mede o nível de sua doação com a sinceridade de seu amor.

Paulo experimentou a graça de Deus em primeira mão; ele escreve sobre isso o tempo todo. Ele viu a graça de Deus em muitos aspectos da vida, não apenas na doação. A graça, o favor gratuito e imerecido de Deus, pode ser encontrada ao longo da história da humanidade. A Bíblia fala sobre o espírito da graça, a mensagem da graça, a graça de Deus, o trono da graça e assim por diante.

Você pode estar se perguntando como realmente viver nessa graça e como se beneficiar dela. Como você sabe se recebeu a graça de Deus? Veja:

Foi pela graça de Deus que você foi salvo. (Efésios 2:5)

Deus derramou sua graça sobre a humanidade – sobre você e sobre mim. Se não fosse por Sua graça, não estaríamos aqui. Deus nos mostrou favor, mesmo nos momentos em que nos rebelamos contra Ele, quando ainda éramos pecadores. Deus derramou Sua graça sobre a humanidade quando entregou seu Filho como sacrifício pelos nossos erros. A graça é invisível, mas é evidente em tudo que Deus fez por nós. Segunda Timóteo 2:1 nos diz que a graça é nossa.

Quanto a você, meu filho, seja forte pela graça que é nossa em união com Cristo Jesus.

Podemos ser fortes naquela graça que é nossa em nossa união com Jesus. Em primeiro lugar, temos que ser muito sérios no nosso relacionamento com Jesus. Apenas ter Jesus como um de nossos conhecidos, junto com muitos outros, não é a unidade de que a Bíblia fala. A unidade envolve um vínculo que não pode ser quebrado, nem mesmo por um breve momento, por qualquer desculpa que tenhamos. Em segundo lugar, temos que exercitar o nosso caminhar na graça. Segunda Pedro 3:18 diz:

Continue a crescer na graça e no conhecimento de nosso Senhor e Salvador Jesus Cristo.

Devemos continuar a crescer na graça e no conhecimento Dele, assim como Jesus e os primeiros discípulos fizeram. Não é suficiente aceitar o dom da graça de Deus, dizer obrigado e guardá-lo com o resto de todas as nossas coisas. Esse seria o caminho do ladrão. A Bíblia pede um novo estilo de vida. Devemos nos afastar de nossas vidas pecaminosas e crescer na graça. Temos que crescer na graça usando-a, distribuindo-a e, ao fazê-lo, multiplicando-a. Paulo enfatizou isso em 2 Coríntios 6:1 (NVI):

Como colaboradores de Deus, exortamos você a não receber a graça de Deus em vão.

Podemos aproveitar a graça de Deus se formos sinceros em nos tornarmos doadores, como Jesus tinha em mente quando falou ao jovem rico. O homem não teve forças para fazer isso; mas então negou o convite para se tornar discípulo de Jesus. Ele não estava em unidade com Ele; ele não estava disposto a dar tudo. A nossa atitude para com Jesus é correta? Nosso compromisso de viver de acordo com Seus ensinamentos é sincero? Jesus disse em João 14:23,

Quem me ama obedece aos meus ensinamentos.

Podemos nos tornar doadores alegres se pararmos de tentar com nossas próprias forças. Temos o exemplo de Jesus, a ajuda do Espírito Santo e a graça de Deus.

Podemos começar com a autorrevelação. Verifiquemos a nossa atitude: vejamos em que áreas estamos nos apegando às coisas. Avaliemos nosso relacionamento com Deus. É uma amizade vibrante ou estamos entediados com Ele? A honestidade é uma base em nosso relacionamento com Ele? Releia as Escrituras que falam sobre oferta e graça. Alimentemos nosso espírito com os ensinamentos de Jesus meditando em Suas palavras, lendo-as em voz alta e conversando sobre o assunto com Ele.

Por último, mas não menos importante, verifiquemos nossas doações. Vamos orar pelo nosso dinheiro, abençoá-lo e vamos dar a Deus o que pertence a Ele. Para começar, tragaremos dez por cento do nosso salário para a igreja ou ministério que nos alimenta, o nosso armazém. Deveríamos fazer isso antes de gastá-lo em qualquer outra coisa e observar Deus trabalhando. Sejamos alegres em nossa doação e perceberemos que entramos naquela experiência chamada graça.

Até agora, lemos como Jesus nos alerta em João 10:10 sobre os métodos astutos do ladrão. Além disso, lemos como Ele nos deu tudo o que precisávamos para que pudéssemos ter vida; a Bíblia chama isso de graça. É pela graça que recebemos uma nova vida (Romanos 5:16-17).

Agora é hora de olhar mais de perto a promessa: uma vida em toda a sua plenitude.

Medite no seguinte:

- *Estou crescendo em graça e no conhecimento de Jesus?*
- *Como posso descrever o meu estilo de vida (Bíblico)?*

Registre os seus pensamentos:

Ore em voz alta:

Querido Pai Celestial, obrigado por desistir de Seu próprio Filho para que eu pudesse ter vida! Tua graça é algo que não consigo compreender, mas quero caminhar nela e crescer nela. Percebo que sou privilegiado por ter o Teu poder trabalhando em minha vida.

Espírito Santo, por favor, guie-me nas decisões que tomo todos os dias. Decidi me tornar um verdadeiro doador. Que exemplo maravilhoso tenho em Jesus, que veio para me dar vida! Quero estar em unidade com Ele.

Em nome de Jesus, eu peço isso. Amém.

Parte III

A Promessa

...vida em toda sua plenitude!

João 10:10

13

Plenitude de vida

E você recebeu vida plena em união com ele.

Colossenses 2:10

Na primeira parte deste livro, examinamos mais de perto a advertência de Jesus contra os caminhos do ladrão. Aprendemos que não roubar é apenas obedecer à Lei. Cumpri-lo com amor é o próximo passo. Jesus exige nossa ação.

Em Lucas 6:38, Ele nos ensina a nos tornarmos doadores para recebermos de volta a medida total. Seus ensinamentos revolucionários vão contra o nosso raciocínio humano. Para receber, temos que dar primeiro. Para encontrar, temos que perder. Se quisermos ser os primeiros, devemos ser os últimos. A maneira como Jesus vira o senso comum de cabeça para baixo e do avesso parece quase estranha. Parece que tudo é sempre diferente do que pensávamos inicialmente. Temos que continuar ajustando nosso pensamento.

Na Parte Dois vimos como Jesus deu o exemplo em doar. Ele deu Sua vida por nós para que possamos ter uma vida em toda a sua plenitude. Ele não disse para fazer isso e aquilo, e então eu lhe darei uma vida plena. Nunca poderemos fazer nada para merecer essa vida eterna. É a graça que a torna acessível a nós. A vida em toda a sua plenitude é um dom de Deus à humanidade. Notamos também que embora esta vida seja acessível a todos os filhos de Deus, nem sempre a vivenciamos. Temos que operar nessa mesma graça para realmente experimentarmos o que Deus tem em mente para nós.

Ler João 10:10 sem ler o resto dos ensinamentos de Jesus daria uma imagem errada. Quando Jesus nos promete uma vida em toda a sua plenitude, não devemos sentar no sofá e esperar que ela chegue. Se isso fosse verdade, todos nós já teríamos experimentado isso há muito tempo. Colocar nossa fé nessa promessa significa que precisamos ativar nossa fé. Jesus falou com ousadia sobre a fé em João 14:12 (NVI) quando disse:

Em verdade vos digo: quem crê em mim fará as obras que tenho feito e fará coisas ainda maiores do que estas, porque vou para o Pai.

Ele não disse: "Qualquer pessoa que tenha fé em mim precisa esperar pacientemente que isso funcione". Ele claramente nos diz para fazer o que Ele tem feito. No contexto do nosso assunto, isso significa: doe e você receberá, seja tempo, dinheiro ou amor.

Quero sublinhar o fato de que nada podemos fazer para merecer a vida prometida em toda a sua plenitude; é pela graça que a recebemos. Mas para operar dentro dessa vida e experimentá-la plenamente, precisamos estar em ação. Digamos que você herdou uma propriedade de mil acres. É sua, você tem a propriedade. Para saber que tipo de surpresas aquele imóvel lhe reserva, é preciso explorar. Apenas ficar no portão de entrada e dizer a todos que você é o dono do lugar não é experimentar a propriedade total, você simplesmente reconhece isso.

Você terá que explorar a propriedade para descobrir se existem florestas, lagos ou montanhas; se existe um lugar para se plantar; se há trilhas para caminhar; se há fruta para colher, etc. Você tem que começar a se movimentar pela propriedade. Da mesma forma, só poderemos vivenciar uma vida em toda a sua plenitude se decidirmos começar a nos movimentar. Apenas citar essa escritura não nos levará à experiência.

Agora, Jesus não exigiu de nós nenhuma qualificação especial para entrar naquela vida, mas vimos no capítulo três, entretanto, que qualquer um que tente entrar no aprisco de alguma outra maneira que não a de Jesus é um ladrão e assaltante. Devemos deixar para trás o caminho do ladrão e estar dispostos a nos tornarmos doadores, seguindo os passos de Jesus.

Esse poderia ter sido o fim deste livro. Simplesmente traduzi o mandamento do Antigo Testamento para a nova forma do Espírito. Deus não nos ordena mais; mas o Espírito nos impele de dentro para fora a cumprir a Lei no amor. Fomos avisados contra os caminhos do ladrão. Recebemos Sua graça. Amém. Fim da história? Não, Jesus acrescenta a promessa de uma vida plena. O que será então que Ele quer dizer quando fala sobre uma vida em toda a sua plenitude?

Eu gostaria de manter isso o mais simples possível. Segundo a Bíblia, a vida humana consiste em três elementos: espírito, alma e corpo. Podemos encontrar isso em 1 Tessalonicenses 5:23,

Que o Deus que nos dá a paz o torne santo em todos os sentidos e mantenha todo o seu ser – espírito, alma e corpo – livre de toda falha na vinda de nosso Senhor Jesus Cristo.

Todo o nosso ser é triplo. Não é de surpreender que consistamos em três elementos diferentes, mas somos uma só pessoa. O próprio Deus é três – a saber, Pai, Filho e Espírito Santo – e ainda assim Ele é um. Gênesis 1:27 nos diz que "Deus criou os seres humanos, tornando-os semelhantes a ele". Incrível! Portanto, olharemos para a plenitude do nosso espírito, alma e corpo. O que a Bíblia nos ensina sobre isso?

Em primeiro lugar, a Bíblia deixa claro que recebemos a plenitude em Cristo (Colossenses 2:10). Quaisquer coisas mundanas que tentemos fazer para alcançar a plenitude irão falhar, porque só podemos consegui-la através do nosso relacionamento com Jesus. A plenitude da vida é um dom de Deus à humanidade. Nunca poderemos fazer nada para merecer isso; é graça. Contudo, devemos ativar essa promessa em nossas vidas.

Comecemos pela plenitude do nosso espírito. Para a maioria das pessoas, é difícil explicar o que é o nosso espírito humano. Afinal, um espírito é algo sobrenatural, algo invisível. Muitas vezes, a alma humana se confunde com o espírito humano. A alma e o espírito devem estar próximos, talvez até ligados, porque a Bíblia diz: "alma e espírito se encontram" (Hebreus 4:12).

Esse é um pensamento interessante. Será que a nossa alma interfere no nosso espírito? Poderia ser essa a razão pela qual às vezes achamos difícil dizer se é a nossa alma ou o nosso espírito falando em nós? A chamada voz interior é a nossa alma ou o nosso espírito?

Muitos livros interessantes foram escritos sobre a alma e o espírito do homem. Deixo a você estudar mais o assunto. Também não vou dar explicações gregas e hebraicas. No próximo capítulo, quero simplesmente explicar o que a Bíblia nos ensina sobre a plenitude do nosso espírito.

Medite no seguinte:

- *O que eu sei a respeito de Deus?*
- *O que o meu espírito me diz sobre mim?*

Registre os seus pensamentos:

14

Renascimento do espírito

Pois você nasceu de novo, não de semente perecível, mas de semente imperecível, através da palavra viva e duradoura de Deus.

1 Pedro 1:23 (NVI)

O homem não era um ser vivo até o momento em que Deus lhe deu vida ao soprar nele. Gênesis 2:7 (NVI) parece um tanto poético quando descreve esse milagre criativo.

Então o Senhor Deus formou um homem do pó da terra e soprou em suas narinas o fôlego de vida, e o homem se tornou um ser vivente.

O homem não pode viver sem o sopro de vida, que é o espírito. Espírito é igual a respiração. Para saber mais sobre este assunto, gostaria de recomendar meu livro anterior[5], "Breath of Life", que descreve detalhadamente como nos tornamos seres humanos. É uma visão artística da fusão de espírito, alma e corpo em um ser humano.

---

[5] Veja a Bibliografia, em anexo

O homem sem respiração é um mero corpo. Pense no fim da vida de Jesus na cruz. Lucas 23:46 (NVI) diz:

Jesus clamou em alta voz: Pai, em tuas mãos entrego o meu espírito. Quando ele disse isso, ele deu seu último suspiro.

Mateus 27:50 diz: "Ele entregou o seu espírito". Em outras palavras, o sopro de vida o deixou. Nosso espírito é a vida que temos em nós. Sem o espírito, sem respiração, estaríamos fisicamente mortos. Agora, o espírito do homem é mais do que apenas respiração, é também o nosso centro de sabedoria e comunicação. O apóstolo Paulo tem uma ótima maneira de explicar um pouco mais sobre o nosso espírito humano, como faz em 1 Coríntios 2:11.

É apenas o próprio espírito de uma pessoa dentro dela que sabe tudo sobre ela; da mesma forma, somente o Espírito de Deus sabe tudo sobre Deus.

Meu espírito sabe tudo sobre mim e o espírito de Deus sabe tudo sobre Ele. Isso é maravilhoso, mas como alcançamos a plenitude da nossa vida espiritual? O que significa que podemos ter plenitude em união com Ele? Existe mais no nosso espírito do que apenas respirar, existe mais no meu espírito do que apenas me dar vida? A resposta é sim!

A plenitude do nosso espírito pode ser alcançada quando nos unimos ao Espírito de Deus. Este é um milagre incrível na criação de Deus; isso me surpreende toda vez que penso nisso. Uma coisa é ter dentro de mim o meu próprio espírito, que sabe tudo sobre mim; outra coisa é ter o Espírito de Deus em mim, que sabe tudo sobre Deus! O apóstolo Paulo continua dizendo em 1 Coríntios 2:12

Não recebemos o espírito deste mundo; pelo contrário, recebemos o Espírito enviado por Deus, para que conheçamos tudo o que Deus nos deu.

"Para que possamos saber tudo o que Deus nos deu." Conheceremos e compreenderemos através do Seu Espírito; que é um processo de aprendizagem que pode levar uma vida inteira. Tenho certeza, porém, de que ter o Seu Espírito certamente nos aproximará do conhecimento e da compreensão de uma vida em toda a sua plenitude.

Deus nos dá vida dando fôlego ao nosso corpo; vamos chamá-lo de nascimento natural, nosso primeiro nascimento. Dessa forma podemos operar no reino natural, podemos nos comunicar com outras pessoas. Porém, Deus deseja nos dar outra vida, que é chamada de segundo nascimento, despertando nosso espírito e dando fôlego ao nosso espírito. Dessa forma, podemos operar no âmbito espiritual, podemos nos comunicar com Deus, que é Espírito. Jesus explica isso de forma bastante simples em João 3:6.

Uma pessoa nasce fisicamente de pais humanos, mas nasce espiritualmente do Espírito.

Ele fala claramente sobre dois tipos diferentes de nascimento: um nascimento físico e um nascimento espiritual. Precisamos experimentar ambos para receber a plenitude da vida! Não importa quão boa e maravilhosa seja a nossa vida natural, ela nunca estará completa até que nos tornemos espiritualmente vivos em Jesus Cristo. Eu sei que esse novo nascimento, comumente chamado de nascer de novo, é motivo de riso por muitas pessoas que nunca o experimentaram.

Isso costumava ser um mistério profundo para mim até o dia em que me rendi; entreguei todo o meu ser a Deus e experimentei pessoalmente o milagre do renascimento, conforme explicado em Romanos 8:16,

O Espírito de Deus se une ao nosso espírito para declarar que somos filhos de Deus.

Muitos dos que buscam a iluminação espiritual estão, sem perceber, seguindo o caminho do ladrão. Eles pensam que através da educação, meditação e consulta, o seu espírito se desenvolverá. Embora não haja nada de errado em educar-nos e desenvolver-nos, algo que eu realmente encorajaria todos a fazerem, mas por si só não significa nada. Deve ser sempre precedida pela nossa entrega a Deus.

Não deveríamos apenas aceitar; devemos entregar, ou renunciar, o nosso espírito e pedir a Deus que se una a nós. Jesus, por exemplo, queria dar aos discípulos a plenitude de uma vida espiritual antes de deixar a terra e Ele soprou muito claramente o Espírito Santo sobre Seus discípulos. João 20:22 diz: "Então soprou sobre eles e disse: 'Recebei o Espírito Santo'". Receber o Espírito Santo de Deus em nós tornará possível experimentar a plenitude da vida.

Plenitude de espírito significa que podemos aprender o máximo possível sobre Deus, podemos nos comunicar com Ele e podemos ouvir Sua voz e aprender Sua vontade para nossas vidas. Muitas vezes sentimos que a distância entre Deus e o homem é muito grande. Será que estamos tentando alcançá-Lo por nossa própria vontade, nas nossas próprias condições? Será que nunca rendemos totalmente o nosso espírito ao Seu? O ladrão ainda domina esta parte da sua vida? Afinal, é possível ser cristão e não ter o Espírito do Deus vivo em você.

Em Efésios 1:17, Paulo ora pelos crentes e pede a Deus que lhes dê o Espírito. Eles tinham fé; eles tinham amor, mas não o Espírito. Sem o Espírito Santo, não estamos completos. Da mesma forma que a Igreja não está completa sem reconhecer a plenitude de Deus no Pai, no

Filho e no Espírito. Ela até continua existindo, mas não experimenta plenitude. Receber o Espírito de Deus em nossas vidas é fácil de acordo com a Bíblia. Em Lucas 11:13 Jesus diz:

Quanto mais, então, o Pai celestial dará o Espírito Santo àqueles que lhe pedirem!

Se você não tem certeza de ter experimentado o renascimento espiritual, peça isso a Deus Pai. Pode ser útil ler a oração de Paulo conforme escrita em Efésios 1:15-17. Ele agradeceu a Deus pela fé do povo de Éfeso, mas queria ter certeza de que todos receberiam o Espírito. Ele não "presumiu" que eles haviam recebido o Espírito só porque se tornaram crentes, ele orou por isso!

Por esta razão, desde que ouvi falar da sua fé no Senhor Jesus e do seu amor por todo o povo de Deus, não parei de dar graças a Deus por vocês. Lembro-me de vocês em minhas orações e peço ao Deus de nosso Senhor Jesus Cristo, o Pai glorioso, que lhes dê o Espírito, que os tornará sábios e lhes revelará Deus, para que vocês o conheçam.

Se você decidiu se afastar de um estilo de vida pecaminoso e se tem fé em Jesus Cristo, não é mais do que um passo lógico pedir a Ele que Seu Espírito se junte ao seu. Acredite, o renascimento espiritual é algo que você tem certeza absoluta de que já experimentou, você apenas sabe que já sabe. Seja honesto em sua oração e receba com fé.

É hora de deixar para trás os caminhos do ladrão, de dar tudo o que você tem. Jesus diz: "Dai e vos será dado". Temos que entregar nosso espírito a Ele para estarmos unidos com o Espírito de Deus. Os capítulos sexto e oitavo do Livro de Romanos explicarão isso, com mais detalhes; desistir do nosso espírito significa morrer para nós mesmos e morrer para a nossa vida velha e pecaminosa, apenas para receber uma vida nova e plena!

Medite no seguinte:

- *Será que já nasci de novo, do Espírito? Estou disposto a testemunhar isso em público?*
- *O que o Espírito Santo fez em minha vida?*

Registre os seus pensamentos:

15

Centro emocional

Minha alma está Feliz por causa de Deus, meu Salvador

Lucas 1:47

Assim como o nosso espírito retrata o ser espiritual que somos e nos permite comunicar com Deus, a nossa alma retrata o ser natural que somos e permite-nos comunicar com outros seres humanos. Nossa alma contém nossas emoções, intelecto, mente, vontade e imaginação; poderíamos chamá-lo de nosso caráter.

Baseei estas palavras no que a Bíblia me diz sobre a humanidade, o ser humano e a alma humana. Devo recorrer à Bíblia para explicar da forma mais simples possível o que é a nossa alma e como podemos obter essa plenitude de vida para a nossa alma, uma vez que não tenho conhecimento científico neste campo. Isso não me incomoda, porque a Bíblia me diz em 1 Coríntios 1:20,

Então, onde isso deixa o sábio? Ou os estudiosos? Ou os hábeis debatedores deste mundo? Deus mostrou que a sabedoria deste mundo é loucura!

Certamente não quero criticar a sabedoria do mundo, mas este versículo me incentiva a procurar respostas na Bíblia, a não ter medo de estudar o que Deus quer me ensinar sobre a alma humana, acima de todos os livros e estudos que têm sido escritos, em nosso mundo, ao longo da história, sobre este assunto.

Lendo a Bíblia, podemos encontrar inúmeras escrituras sobre a alma. A alma é o nosso centro emocional. É do fundo da nossa alma que vêm a felicidade, assim como a amargura, a calma e a ansiedade. Além das emoções, nosso reino da alma também contém força, força de vontade e conhecimento. Vejamos algumas escrituras:

- Nossa mente é de fato parte de nossa alma; a Bíblia diz que nossa alma tem conhecimento. *Cada um de vocês sabe em seu coração e alma que o Senhor seu Deus lhes deu todas as coisas boas que prometeu* (Josué 23:14).
- Nossas emoções fazem parte da nossa alma. A condição de nossa alma impacta nosso comportamento. *E ela estava com a alma amargurada, e orou ao Senhor e chorou de angústia.* (1 Samuel 1:10 NKJV).
- A condição da nossa alma muda. É por isso que precisa ser revigorada, de vez em quando. Salmos 19:7 (NVI) diz: *A lei do Senhor é perfeita e revigora a alma.*

- Nosso ego faz parte da nossa alma. Podemos falar com a nossa alma, Salmos 43:5 (NVI): *Por que, minha alma, você está abatida? Por que estou tão perturbado dentro de mim?*

- Podemos educar a nossa alma, Provérbios 2:10 (NVI): *Pois a sabedoria entrará no seu coração, e o conhecimento será agradável à sua alma.*

- Falamos muito sobre paz de espírito, mas não esqueçamos do *descanso para suas almas*! Como em Jeremias 6:16 e Mateus 11:29 (NVI).

Nossa alma é uma parte viva de nós; muda, cresce e pode viver ou morrer. Não somos robôs; temos esse centro emocional que não pode ser visto pelo olho humano. A alma simboliza humanidade, sentimentos e emoções. Quer choremos, riamos, dancemos ou cantemos, isso vem de dentro da nossa alma. De alguma forma, nossas almas não são totalmente humanas; Deus também se preocupa com nossas almas. O próprio Deus tem uma alma, um caráter. Deus é cem por cento divino, mas não é isento de emoções. Salmos 11:5 (NVI) diz:

O Senhor prova o justo, mas o ímpio e a quem ama a injustiça, a Sua alma odeia.

Deus fala palavras semelhantes em Isaías 1:14. Basta procurar a palavra "alma", na concordância (que é uma lista de palavras) da sua Bíblia, e você encontrará inúmeras escrituras interessantes, que lhe ensinarão mais sobre a nossa alma e a alma de Deus.

Jesus, que veio como Deus em forma humana, também mostrou Suas emoções. Em Marcos 14:34 (NVI) Ele clama:

A minha alma está profundamente triste, numa tristeza mortal. Fiquem aqui e vigiem.

Em Isaías 53:11, podemos encontrar a profecia sobre este sofrimento da alma de Jesus. Deus sabe tudo sobre as almas humanas. Ele fez cada ser humano com um caráter único e quer salvar esse caráter, junto com o nosso espírito. Sim, as nossas almas podem ser salvas; elas não precisam descer à sepultura com nossos corpos. Jesus adverte as pessoas contra a perda de suas almas em Mateus 10:28, onde Ele diz:

Não tenham medo dos que matam o corpo, mas não podem matar a alma. Antes, tenham medo daquele que pode destruir tanto a alma como o corpo no inferno.

Deus está no comando, mas a escolha é nossa. Como escrevi nos capítulos anteriores, a plenitude do nosso espírito pode ser alcançada quando nos unimos ao Espírito de Deus. Em outras palavras, nosso espírito precisa nascer de novo para alcançar essa plenitude. Da mesma forma, a plenitude da nossa alma pode ser alcançada quando ela é salva (1 Pedro 1:9) através da nossa fé em Jesus e quando deixamos que Ele seja o supervisor (1 Pedro 2:25) da nossa alma.

Desde que entendi que a salvação da minha alma não é o mesmo que o renascimento do meu espírito, parei de me perguntar como seríamos capazes de nos reconhecer depois de morrermos, depois de deixarmos nossos corpos terrenos para trás. Sei que muitas pessoas que acreditam na vida eterna estão se perguntando como poderão, algum dia, reconhecer seus entes queridos, fora deste reino terreno. Estudei isso por muito tempo e aprendi que, como espíritos nascidos de novo, somos todos iguais, ou seja, como Jesus. 1 Coríntios 6:17 diz:

Mas aquele que se une ao Senhor é um espírito com ele.

Como espíritos nascidos de novo, estamos todos no mesmo nível, pois somos um com Ele. Sempre pensei que isso seria aborrecido. Em primeiro lugar, por que Deus nos tornaria todos únicos? Certamente não para nos juntar a todos numa grande pilha espiritual de cristãos-robôs. Ele quer mais do que apenas espíritos nascidos de novo; Ele quer almas salvas. Aos poucos estou começando a entender que sou um ser espiritual com alma humana, com certas características. Se minha alma for salva, minhas emoções, meu caráter e minha singularidade também serão salvos. Então, imagino que certamente é possível reconhecer nossos entes queridos no céu, nós os reconheceremos pelo seu caráter.

Nosso renascimento espiritual e a salvação de nossa alma são duas coisas diferentes que muitas vezes acontecem no mesmo momento, mas às vezes acontecem como eventos separados, como explicarei no próximo capítulo.

Medite sobre o seguinte:

- *Como eu descreveria minha alma?*
- *Posso dizer que minha alma está salva? O que isso significa para mim?*

Registre os seus pensamentos:

16

Salvação da alma

Pois vocês estão alcançando o alvo da sua fé, a salvação das suas almas.

1 Pedro 1:9

A salvação das nossas almas, da nossa humanidade, do nosso caráter, só é possível através da confissão de fé em Jesus Cristo. Não me pergunte por que esse é o único caminho, foi como Deus estabeleceu isso, e porque Ele é Deus, é Ele quem manda. João 3:16 é provavelmente versículo mais famoso sobre a salvação:

Porque Deus tanto amou o mundo que deu o seu Filho Unigênito, para que todo o que nele crer não pereça, mas que tenha a vida eterna.

Não é mais complicado do que isso. Precisamos acreditar nisso para sermos salvos. Lembre-se novamente: não tente subir de outra forma, sem se mostrar ao porteiro. É absolutamente essencial acreditar na vida, morte e ressurreição de Jesus Cristo. Paulo teve que explicar os fundamentos da salvação repetidas vezes durante seu ministério. Em Romanos 10:9-10 ele diz:

Se você confessar com a sua boca que Jesus é Senhor e crer em seu coração que Deus o ressuscitou dentro os mortos, será salvo. Pois com o coração se crê para a justiça, e com a boca se confessa para salvação.

Na verdade, Paulo explica claramente a diferença entre renascimento e salvação aqui. Consertar-se com Deus (pela nossa fé), também chamado de reconciliação, é o nosso renascimento. Ser salvo (pela nossa confissão) é a salvação da nossa alma para a eternidade. Muitas vezes, essas duas coisas acontecem ao mesmo tempo, mas se não tomarmos cuidado, é fácil nos enganarmos.

Pense, por exemplo, no pecador na cruz ao lado de Jesus. Porque ele invocou o nome de Jesus (confissão), sua alma foi salva (Romanos 10:13), mas não creio que ele tenha realmente experimentado o renascimento, simplesmente porque não houve tempo para viver uma vida redimida, liderada pelo Espírito de Deus.

Muitas pessoas dirão: "Bem, Jesus salvou minha alma, eu sei disso, mas não estou experimentando plenitude de alma. Muitas vezes estou emocionalmente fora de controle; muitas vezes me sinto desanimado ou deprimido." Agora, é aqui que às vezes perdemos um ponto. Jesus é chamado de pastor e superintendente de nossas almas, em 1 Pedro 2:25. Apenas ter a nossa alma salva e continuar a viver do nosso jeito não nos trará satisfação. Jesus quer supervisionar a nossa alma. Ele quer ficar de olho em nós depois que formos salvos. Ele quer nos pastorear. O que basicamente significa que Ele quer nos guiar, corrigir e cuidar de nós. Se deixássemos que Ele fizesse isso, descobriríamos que Ele também é mais do que capaz de levar nossa alma à plenitude de vida.

Nossa alma precisa ser moldada em plenitude, porque foi envenenada pelo pecado, pela dor, pelas mágoas e pela corrupção. Claro, é maravilhoso saber que Jesus veio para salvar as nossas almas, mas isso não é tudo. Ele também quer supervisionar, pastorear as nossas almas. Deixe-me explicar a diferença entre o renascimento espiritual e a salvação das nossas almas de outra forma. No momento em que nascemos de novo, nosso espírito se torna um com o Senhor e se torna novo. A segunda carta aos Coríntios 5:17 explica isso:

Portanto, se alguém está em Cristo, é nova criação.

Nossa alma, porém, não se torna nova. Pelo contrário, é salva. Mantemos a mesma velha alma com todas as suas mágoas, dores e memórias; é por isso que ela precisa de pastoreio, de acordo com a Bíblia. Pense novamente em João 10, a passagem das escrituras que usamos ao longo deste livro, onde Jesus explica Seu propósito na Terra. Ele quer ser nosso bom pastor, não por um dia, mas para sempre. Se deixarmos que Ele faça isso, começaremos a experimentar a plenitude de vida para a nossa alma. Em

João 10:17 Jesus toma Sua própria vida como exemplo para nós quando Ele diz:

Por isso é que meu Pai me ama, porque eu dou a minha vida para retomá-la.

Deus Pai também nos ama. Estamos dispostos a abrir mão da nossa vida, da nossa alma para recebê-la de volta, desta vez em toda a sua plenitude? Basta aplicar aqui o tema principal deste livro e perguntar a si mesmo: prefiro receber do que dar? Mantenho minhas emoções para mim? Estou tentando preservar meu ego? Estou disposto a dar a Deus meu caráter, minha humanidade, para que Ele os supervisione? Eu não gosto que cuidem de mim? Estou disposto a aceitar a orientação da Palavra de Deus, dos ensinamentos de Jesus? Posso receber orientação e correção?

O caminho do ladrão significa simplesmente: não nos entregarmos a Deus. Significa guardar segredos e apegar-se a mágoas e hábitos. O inimigo usará qualquer coisa para nos impedir de entrar nessa plenitude de vida. Lembre-se, ele é um destruidor e um ladrão. A vontade de Deus, porém, é a vida, a vida em toda a sua plenitude. No momento em que decidirmos dar-Lhe tudo o que temos – todas as nossas emoções, todas as nossas memórias e toda a nossa dor – Ele trará equilíbrio, e estaremos no caminho para entrar naquela plenitude de vida de que Jesus fala. Sim, quando formos capazes de entregar nossas emoções a Deus, seja no louvor ou na dor, no deleite ou no desespero, Ele nos dará vida.

Deixar que Deus supervisione a nossa alma parece uma coisa difícil de fazer, muitas vezes lutamos para não abrir mão do controle. O oitavo capítulo do Livro de Romanos nos ensina, porém, que devemos ser controlados pelo Espírito de Deus, e não pela nossa natureza humana. Em outras palavras: a alma deve estar sujeita ao Espírito. O versículo 9 diz:

Mas você não vive como sua natureza humana lhe diz; em vez disso, você vive como o Espírito lhe diz – se, de fato, o Espírito de Deus vive em você. Quem não tem o Espírito de Cristo não lhe pertence.

Essa é a ordem de Deus para a nossa vida; primeiro o espírito, depois a alma e depois o corpo. Não o contrário. Então, o que podemos fazer para entregar nossa alma a Ele?

Significa que temos que ser honestos com Ele e abandonar a vergonha. Significa abrir nossos pensamentos e sentimentos íntimos para Ele, como os salmistas faziam com frequência. Nunca poderemos fazer isso sem a Sua Palavra. Muitas vezes procuramos os conselhos do mundo para aliviar a dor da nossa alma. Tentamos medicação, aconselhamento, indulgência, compras, alimentação excessiva, drogas e álcool, autopiedade ou qualquer outra coisa. Permitir que Jesus supervisione a nossa alma significa que precisamos recorrer à Bíblia em busca de respostas, de ajuda. Deus nos deu Sua Palavra para orientação.

Da próxima vez que você se sentir angustiado, ansioso ou deprimido, encontre palavras de encorajamento e talvez até histórias sobre situações semelhantes em que você se encontra. Aprenda com os outros e, o melhor de tudo, leia em voz alta as promessas de Deus. Fale com a sua alma, edifique-a e deixe-a ser moldada pelo Espírito através da palavra viva. Da próxima vez que você se sentir feliz, aliviado ou apenas animado, encontre palavras na Bíblia que você pode usar para expressar esses sentimentos em relação a Deus. Encontre passagens onde as pessoas estavam cheias de alegria e dançavam e faziam música ou oferendas, aprenda com isso e dê a Deus!

Aplique as palavras da Bíblia e elas ganharão vida; elas trarão a vida em toda a sua plenitude.

Medite no seguinte:

- *Está tudo bem com a minha alma?*
- *Como posso aplicar a Bíblia para lidar com minhas emoções?*

Registre os seus pensamentos:

17

Alimentando a carne

*Portanto, não permitam que o pecado continue
dominando o corpo mortal de vocês, fazendo que
obedeçam aos seus desejos.*

Romanos 6:12 (NVI)

Quando Jesus fala sobre uma vida em toda a sua
plenitude, Ele não fala apenas sobre a nossa vida
espiritual. Ele fala sobre nossa vida física, mental,
emocional, relacional e financeira também. Ele fala sobre
uma vida plena em todas as áreas que possamos
imaginar.

Às vezes temos a tendência de espiritualizar demais tudo
o que a Bíblia ensina e de esquecer que também temos
uma vida natural aqui na terra. Digamos que você veja
alguém com necessidades físicas ou materiais e tudo o
que você diz é: "Deus te abençoe", e não dá a ele as
necessidades da vida. Para que serve essa fé? A fé sem
ações está morta (Tiago 2:14-17). Certamente podemos
aplicar isso à maneira como lidamos com nossos próprios
corpos físicos.

Ao ler os princípios bíblicos para uma vida plena, percebemos que só podemos receber a nossa verdadeira vida eterna através da graça e da fé em Jesus. Para experimentar essa vida, temos que ativar a nossa fé nela, e não apenas sentar e esperar que ela chegue. A Bíblia nos diz que nossos espíritos precisam nascer de novo e que nossas almas precisam ser salvas. E nossos corpos? Qual é o papel do nosso corpo na plenitude da vida?

Nossos corpos são temporários, a única coisa que deixaremos para trás quando morrermos. O que podemos fazer com nossos corpos para honrar a Deus e alcançar a plenitude da vida aqui na terra? Nossos corpos podem contribuir para a plenitude da vida? Nossos corpos são importantes para Deus, que é Espírito? A Bíblia diz que nossos corpos se transformarão em pó quando morrermos (Gênesis 3:19). Não deveríamos colocar toda a ênfase no espírito e na alma? O que Jesus disse sobre nossos corpos? Quanto ao tema deste livro: o ladrão ainda governa ou tem acesso aos nossos corpos? Como podemos doar com nossos corpos?

A plenitude da vida significa o renascimento do nosso espírito, a salvação da nossa alma e o sacrifício do nosso corpo.

Lucas 22:19 contém uma declaração importante de Jesus sobre o corpo, Seu corpo, quando Ele faz a última refeição junto com Seus discípulos. Ao partir o pão, Ele lhes diz:

Este é o meu corpo, que é dado por vocês.

Ao dizer isso, Jesus demonstra novamente Sua natureza generosa, o que contrasta fortemente com o jeito do ladrão. Jesus realmente entregou Seu próprio corpo para ser torturado e maltratado para que pudéssemos ser livres. Ele entregou Seu corpo como sacrifício por nós e, ao fazê-lo, deu o exemplo para Seus seguidores. Não para que morramos a mesma morte, mas para entregarmos nossos corpos como um sacrifício vivo. Sim, a Bíblia exige o sacrifício dos nossos corpos. Romanos 12:1 coloca desta forma:

Portanto, exorto-vos, irmãos e irmãs, em vista da misericórdia de Deus, a oferecerem os vossos corpos como sacrifício vivo, santo e agradável a Deus – esta é a vossa adoração verdadeira e adequada.

Observe que Paulo diz sacrifícios vivos. Não nos é pedido que nos deixemos matar, embora em muitos países as pessoas sejam torturadas e até assassinadas por causa da sua fé em Jesus Cristo. Para a maioria dos crentes do mundo ocidental este não é o caso e, em geral, podemos dizer que Deus quer sacrifícios vivos. Ser um sacrifício vivo significa simplesmente renunciar ao nosso corpo, para a glória de Deus. Nossos corpos não nos pertencem mais; eles pertencem a Deus, assim como nossos espíritos e almas pertencem a Deus. Propositalmente temos que entregar todo o nosso ser a Ele, espíritos, almas e corpos, para que Ele possa começar e concluir Sua obra em nós.

Como cristãos, podemos experimentar cura, salvação e libertação em todo o nosso ser. Muitas vezes os nossos corpos são esquecidos, porque o termo "carne" tem uma conotação religiosa negativa. Não queremos dar muita ênfase ao nosso corpo, mas dificilmente encontramos plenitude nessa área. Ou somos muito gordos; muito magros; doentes; fracos ou indisciplinados. Nossos corpos são envenenados com alimentos errados, falta de exercício, medicamentos (não) prescritos, pornografia, etc. e nos perguntamos por que não experimentamos a plenitude da vida. Jesus nos oferece plenitude de vida; isso certamente inclui nosso ser físico.

Temos, porém, em muitas ocasiões, seguido o caminho do ladrão, que sempre quer mais, mais, mais e eu, eu, eu. Em vez de cuidarmos bem do nosso corpo, que afinal é o templo do Espírito Santo; desenvolvemos hábitos que estão destruindo lentamente nossos corpos terrenos. Acho que, até certo ponto, todos somos culpados, de alguma forma, de abusar do nosso corpo físico. Isso pode ser mudado, não através de dieta ou medicação, mas através da Palavra de Deus.

Estamos sendo solicitados a entregar nossos corpos como um ato de adoração – um ato de adoração a Deus, não aos deuses do "fast food", do álcool e das drogas. Isto exige rendição. Em 1 Coríntios 6:19-20 o apóstolo Paulo explica o ato bíblico de adoração da seguinte forma:

Você não sabe que o seu corpo é o templo do Espírito Santo, que vive em você e que lhe foi dado por Deus? Vocês não pertencem a si mesmos, mas a Deus; ele comprou você por um preço. Portanto, usem seus corpos para a glória de Deus.

Paulo afirma claramente que primeiro precisamos nascer de novo do Espírito, antes de podermos oferecer nossos corpos a Deus. Ele fala sobre pessoas que têm o Espírito Santo vivendo nelas. É depois dessa experiência que não pertencemos mais a nós mesmos, mas pertencemos a Deus. Depois que o Espírito fizer do nosso corpo o Seu lar, é melhor fazermos uma limpeza séria para que Ele possa realmente se sentir em casa. Deixe-me colocar desta forma: se você não está feliz vivendo em seu próprio corpo, então, como o Espírito do Deus Vivo e Santo se sentiria bem-vindo?

A limpeza da casa não é uma tarefa tão ruim, pois o Espírito nos ajudará; entretanto, Ele não fará tudo sozinho. Isso requer nossa ação. 1 Pedro 1:14 diz:

Sejam obedientes a Deus e não permitam que suas vidas sejam moldadas por aqueles desejos que vocês tinham quando ainda eram ignorantes.

Viu só? Precisa da ação. "Não permitir" significa que temos que tomar uma posição. Precisamos mudar a nossa atitude e os nossos hábitos, e precisamos nos livrar dos desejos pecaminosos para proteger o nosso corpo. É muito fácil permitir que os desejos pecaminosos saiam do controle e se tornem vícios, sejam eles desejos por alimentos não saudáveis, álcool, drogas ou sexo. Eles vão nos destruir, rapidamente, porque são o caminho do ladrão e ele tem apenas um objetivo. Então o que devemos fazer?

Acredito firmemente que não devemos mais continuar a pensar em nós mesmos como eu, eu, eu, o que basicamente significa mais, mais, mais, como vimos neste livro. Temos que aprender a começar a pensar em você, em: o Senhor, o Senhor, o Senhor, e não vivermos mais para comer, beber ou se entregar a fim de satisfazer nossos desejos. Eu entendo perfeitamente que mais, mais, mais e tudo sobre mim fazem parte da nossa cultura moderna, ou devo dizer, essa é a nossa cultura!!

Como crentes, podemos viver nessa cultura, mas ela não é a nossa cultura. O apóstolo Paulo escreve, em Romanos 14:17:

Pois o Reino de Deus não é uma questão de comida e bebida, mas de justiça, paz e alegria que o Espírito Santo dá.

Fazemos parte de uma cultura do Reino, que nos ensina a doar como o Espírito Santo doa: Doar com alegria, doar abundantemente e doar tudo.

Isso nos ensina que, se nos apegarmos às coisas, acabaremos por perdê-las. E também que: Doar, e não receber, é o caminho. Tomemos, portanto, a decisão de usar nossos corpos para a glória de Deus. Começaremos a refletir a vida plena que Ele deseja que tenhamos. Sim, é possível que todos nós reflitamos essa plenitude de vida também em nossos corpos, não importa qual seja a nossa aparência física.

Medite no seguinte:

- *Tenho maus hábitos, ou até mesmo vícios? Estou disposto a assumir o controle com a ajuda do Espírito Santo?*
- *Sinto-me em casa, no meu corpo? O Espírito Santo se sentiria bem-vindo nele?*

Registre os seus pensamentos:

18

Sacrifício do corpo

É por isso que lhe digo: não se preocupe com a comida e a bebida de que necessita para se manter vivo, nem com as roupas para o seu corpo. Afinal, a vida não vale mais que a comida? E o corpo não vale mais que a roupa?

Mateus 6:25

Agora, não se preocupe; não vou dizer que todo mundo deveria ir à academia quatro vezes por semana, caminhar pelas colinas, correr nas praias e comer repolho cru no jantar todas as noites. Não estou dizendo que todos temos que jejuar todas as semanas ou que nunca mais poderemos desfrutar de uma refeição gostosa.

O que quero dizer é que temos que nos fazer as seguintes perguntas: prefiro receber ou doar? A minha atitude em relação ao meu corpo ainda é a do ladrão: sempre mais, mais, mais? Quero ser entretido, mimado, alimentado e cuidado? Ou estou disposto a cuidar do meu corpo de uma forma que me torne capaz de servir aos outros? Jesus entregou seu corpo por nós; temos algo para dar a Deus ou aos outros?

Usar nossos corpos para a glória de Deus significa que temos que mantê-los limpos e fortes de todas as maneiras possíveis. Cada pessoa é diferente, então não existe uma maneira padrão de fazer isso. É entre nós e Deus. A Bíblia exige uma vida santa e limpa. Percebo que estou pisando em terreno perigoso quando escrevo sobre a manutenção de nossos corpos, mas a Bíblia fala sobre isso com bastante franqueza. Em Provérbios 23:20-21, por exemplo, somos instruídos a ficar longe da embriaguez e da gula!

Tenho visto que a obesidade é um problema enorme nos EUA, maior do que em qualquer outro país do mundo que visitei. Ao mesmo tempo, percebi que é um assunto muito delicado, mesmo dentro dos círculos cristãos. A maioria das pessoas não gosta de falar sobre isso de forma séria e até percebi que comer demais é motivo de muitas piadas e inúmeras risadas. Deus ama você quando você está acima do peso, é indisciplinado ou tem um vício? Sim, é claro que Ele ainda nos ama, mas Ele nos exorta a parar de ceder aos nossos próprios desejos o tempo todo.

Pessoalmente, acredito que devemos levar nossos vícios e maus hábitos tão a sério quanto Deus o faz. Enquanto tratarmos a obesidade, por exemplo, como algo que desaparecerá se a regularmos através de uma dieta alimentar, estaremos errados. Seria como dizer a um alcoólatra para beber apenas uma pequena quantidade de álcool por dia e apenas fazer alarde nos fins de semana ou em festas de aniversário. Seria como dizer a um viciado em heroína para tomar porções menores e contar os gramas ingeridos. Vamos parar de nos enganar e começar a construir templos limpos, fortes e bonitos para o Espírito Santo habitar. Não vamos mais tratar nossos distúrbios como algo engraçado, mas vamos entregar nossos corpos a Cristo. 2 Pedro 2:19 diz:

Pois somos escravos de tudo o que nos conquistou.

Admitir nossas fraquezas abre a porta para a recuperação. Podemos tomar a decisão de que o pecado não reinará mais em nossos corpos, seja qual for o pecado. Deus assumirá o controle com seu Espírito Santo, que produz autocontrole em nós, como mencionado em Gálatas 5:23. Que conforto. Mesmo na conquista de nossos hábitos e dificuldades, o Espírito Santo está lá para ajudar. Nunca estamos sozinhos.

Quando tomarmos a decisão de nos oferecer a Ele, e realmente formos sinceros, tudo mudará. Deixaremos para trás o caminho do ladrão. Oferecer nossos corpos como sacrifício vivo significa que estamos disponíveis para Deus; disponível para Ele nos usar. Acredito que enquanto tivermos que travar batalhas em nossos corpos, será difícil ajudar os outros. Para começar, não estamos sendo bons exemplos para os descrentes ou para os novos cristãos.

É fácil ver como ficamos desequilibrados na obtenção da plenitude de vida. Algumas pessoas são principalmente seres emocionais, sempre movidos por sentimentos, sempre movidos por emoções (sinto que, gostaria, poderia, deveria). Algumas pessoas são principalmente seres espirituais. Tudo o que eles falam é sobre Deus e a Bíblia. Eles absorvem Sua palavra e devoram Seus ensinamentos; mas nunca desistem, nunca ajudam os outros, nunca tentam compreender a pessoa em outro nível. Algumas pessoas se entregam ao corpo ou à carne. Tudo o que eles falam e pensam são desejos; eles estão sempre fazendo compras, comendo, bebendo ou passando férias. Eles se entregam, absorvem e se empanturram (literalmente) para entorpecer a alma e aquietar o espírito. Você está em algum desses grupos? Não hesite em buscar ajuda e incentivo de alguém que parece ter conquistado a mesma área que você enfrenta.

No que diz respeito aos nossos corpos, devemos aprender a nos tornar doadores também. Por exemplo, quando jejuamos, nos humilhamos; nos entregamos a Deus. Quando nos exercitamos, cuidamos daquilo que Ele nos confiou, agradecemos a Ele de forma prática. Quando nos livramos do pecado, entregamos nossas fraquezas a Ele. Quando conquistamos um hábito, damos glória a Ele. Sei que cada pessoa na Terra é diferente e todos temos formas e tamanhos diferentes; essa é a singularidade da criação de Deus. Não devemos tentar parecer com outra pessoa. Somos solicitados a cuidar de nossos próprios corpos.

Deus nos ajudará, mas temos que estar dispostos a começar. Deixemos para trás o caminho do ladrão, que está sempre pedindo mais, mais e mais. O caminho dele nos levará à destruição, mas o caminho de Jesus nos levará à vida, uma vida equilibrada, uma vida em toda a sua plenitude.

Ser crente é igual a ter plenitude de vida. Se isso não for verdade, então João 10:10 não é verdade. Acredito que todos podemos experimentar abundância durante toda a vida, conforme mencionado e prometido em João 10:10. Precisamos ativar nossa fé nessa promessa e entrar em ação. Temos que nos tornar doadores, seguindo os passos de Jesus. Ele preparou o cenário ao dar o presente definitivo: Sua própria vida!

Ele fez isso para que pudéssemos ter vida em toda a sua plenitude. Romanos 6:12-14 é um texto maravilhoso que resume tudo o que falamos neste livro; fala sobre a entrega de todo o nosso ser a Deus. É tão encorajador.

O pecado não deve mais dominar seus corpos mortais, para que vocês obedeçam aos desejos do seu eu natural. Nem devem entregar qualquer parte de si mesmos ao pecado para ser usada para propósitos perversos. Em vez disso, entreguem-se a Deus, como aqueles que foram trazidos da morte para a vida, e entreguem todo o seu ser a Ele para ser usado em propósitos justos. O pecado não deve ser seu mestre; pois vocês não vivem sob a lei, mas sob a graça de Deus.

Uau, que texto das Escrituras! Ele fala sobre as Partes Um, Dois e Três deste livro: livrar-se do pecado (parar de seguir os caminhos do ladrão), a graça de Deus (Ele sempre nos ajudará, Ele deu tudo) e a entrega completa de todo o nosso ser (promessa de uma vida em toda a sua plenitude). Vamos verificar cada área do nosso ser e nos perguntar se realmente desistimos de tudo por Ele. A Bíblia nos exorta a:

- Renunciar ao nosso espírito para nos tornarmos um, com o espírito de Deus.
- Entregar a nossa alma para sermos salvos e pastoreados por Jesus.
- Renunciar ao nosso corpo como sacrifício vivo para a glória de Deus.

Na verdade, estamos falando aqui de uma rendição completa – uma rendição de todo o nosso espírito, de toda a nossa alma e de todo o nosso corpo. Se decidirmos sinceramente viver a vida à maneira de Jesus, à maneira bíblica, em vez de encontrar todo tipo de desculpas para fazê-la à nossa maneira, experimentaremos essa plenitude de vida.

O ladrão não poderá mais roubar de nós o que o Senhor prometeu!

Medite no seguinte:

- *Estou desejando submeter todo o meu ser a Deus?*
- *Como posso usar o meu corpo para a gloria de Deus?*

Registre os seus pensamentos:

Ore em voz alta:

Querido Pai do celestial, obrigado por me dar um corpo para viver. Obrigado por me fazer à Sua imagem e por Sua disposição de compartilhar Seu Espírito Santo comigo. Obrigado, Jesus, por desistir do Teu corpo como sacrifício por mim, o que me fez ser livre. Obrigado por ser o pastor da minha alma.

Espírito Santo, por favor, ajude-me a controlar meus desejos e hábitos. Mostre-me onde preciso de orientação e ajuda. Quero poder glorificar Jesus com todo o meu ser; Quero caminhar, cantar, dançar e correr para Ele.

De agora em diante, não sou mais escravo; Eu estou livre! Agradeço-te pela promessa de uma vida em toda a sua plenitude. Já posso aproveitar disso, desde já! Obrigado.

Em nome de Jesus Cristo, eu oro. Amém.

Conclusão

Ninguém tira a minha vida. Eu a dou por minha própria vontade.

João 10:18

Bem, eu escrevi um livro sobre duas palavras. Não roube; foi aí que começamos e é aí que terminaremos. Deus tem uma vida em toda a sua plenitude reservada para você, não deixe ninguém roubar isso de você e não roube de Deus.

De vez em quando, acabamos sendo ladrões de nossa própria felicidade por não desistirmos de tudo por Deus. Quanto mais quisermos guardar para nós mesmos, mais infelizes seremos; esse é o caminho do ladrão. O caminho do Mestre, porém, é excelente e verdadeiro.

Dê aos outros e Deus dará a você. Na verdade, você receberá uma medida completa, uma ajuda generosa, colocada em suas mãos – tudo o que você puder segurar. A medida que você usa para os outros é aquela que Deus usará para você (Lucas 6:38).

Tudo começa com doação; e para usar a medida certa devemos começar entregando-nos a Deus. Quando entregarmos todo o nosso ser a Deus, logo descobriremos que se torna cada vez mais fácil ser um doador em todas as áreas da vida, seja em relação a dinheiro, tempo, talentos, amor ou ajuda prática.

Não existe um plano de sete passos para se tornar um doador alegre; requer uma mudança de dentro para fora, uma mudança em todo o nosso ser. A Bíblia exige "dar com alegria", o que certamente é possível, quer sejamos ricos, quer sejamos pobres. Não tem nada a ver com suas contas bancárias, mas tem tudo a ver com a condição do nosso coração.

Uma coisa é dizer que não somos ladrões; outra coisa é se tornar um doador. Esse é um nível totalmente novo!

Anexo

Bibliografia

Outros livros desta mesma autora. Apenas disponível em inglês, por enquanto:

Nenhum outro deus, *Por que a lealdade total ao Único Deus vivo importa nos dias de hoje?* (2023)

O lobby feroz para remover da sociedade os princípios e padrões bíblicos resulto u em uma geração perdendo o contato com os valores centrais do cristianismo. Isso fornece uma base perfeita para o inimigo entrar na vida como a conhecemos. Uma grande confusão, seja mental, emocional, física ou espiritual, se tornou a epidemia do nosso tempo.

Demos ao inimigo, muitas vezes por decisão da Suprema Corte, carta branca para fazer o que ele quer: alienar as pessoas do próprio Deus que as criou. Essa alienação do próprio Deus e dos valores descritos em Sua Palavra não é tão libertadora quanto o esperado. Ela abre a porta para outros deuses. E eles estão aqui... muitos deles!

Neste livro final da série Dez Mandamentos, examinaremos mais de perto o primeiro mandamento.

"Não terás outros deuses diante de mim" significa muito mais do que apenas abster-se de adorar ídolos. É um chamado para lealdade total ao Deus de Israel e para honrá-lo como o Deus supremo, o Criador do céu e da terra. É também um chamado para não ser ignorante sobre a influência destrutiva de principados e poderes, demônios e divindades, práticas religiosas falsas e forças das trevas.

Devemos decidir agora nos levantar e recuperar o que o inimigo roubou de nós. Vamos fazer com que seja nosso objetivo viver a vida como Deus a planejou, que é para que sejamos abençoados e frutíferos, contentes e encorajados, gratos e inspiradores para as gerações vindouras.

Primeiro Amor, *Abraçando o desafio de buscar relacionamentos fiéis* (2022)

Amor, até que a morte nos separe. Essas palavras, promessas e votos... eles ainda significam alguma coisa em nosso mundo hoje? É possível amar e continuar amando? É possível ser fiel até o fim?

Vamos ser honestos, nós erramos muito quando se trata de amar uns aos outros como seres humanos. Nós até erramos em amar a Deus. Muitas vezes falhamos em cumprir nossas promessas, cedemos às tentações e traímos e machucamos uns aos outros de muitas maneiras. O amor foi substituído pela luxúria; a fidelidade pela fantasia e a pureza pela perversidade, em nossa sociedade de hoje. Isso não aconteceu da noite para o dia, é claro. Foi um declínio, lento, de valores morais que eram baseados em princípios e ensinamentos bíblicos.

Quando Deus disse: "Não cometa adultério", Ele estava falando sério e ainda fala. Porque nosso amor humano limitado falha conosco, precisamos de Seu amor divino em nossas vidas para podermos amar os outros. Tudo começa com o recebimento do Seu amor, com a renovação da nossa compreensão desse amor e com a renovação da maneira como O amamos de volta. O que Deus quer estabelecer em nossas vidas espirituais, Ele certamente usará em nossas circunstâncias naturais do dia a dia. Depois de ler este livro, você:

- terá uma melhor compreensão do amor de Deus pelas pessoas
- saberá que você é amado por Deus
- se sentirá encorajado a renovar seu relacionamento com Deus, seu cônjuge e outras pessoas
- será inspirado a amar os outros como Deus ama você
- será capaz de banir o tédio de sua vida
- estará determinado a permanecer fiel até o fim.

Verdadeiros Adoradores, *respondendo ao chamado do Pai por um estilo de vida de pura devoção (2020).*

Nunca pensamos que isso pudesse acontecer em apenas algumas semanas, e certamente não à escala mundial, mas aconteceu: As nossas igrejas tiveram de fechar as portas, embora temporariamente, devido a regulamentações governamentais em resposta a uma epidemia de vírus.

Isso nos leva a uma questão realista e investigativa. O que restaria do nosso cristianismo moderno quando tudo nos fosse tirado: os edifícios, as reuniões, o dinheiro, o poder, os títulos, a teologia, a música e os concertos? O que sobraria? Poderíamos nos encontrar de joelhos novamente, sem nada. Sem efeitos especiais, sem banda, sem estrutura e sem liturgia a seguir. Só nós, no chão… esperando Deus falar, esperando que Ele venha. Depois de mais de dois mil anos de cristianismo, pudemos nos ver curvando-nos novamente, de mãos vazias, sem nada além do nosso tempo e a dádiva da nossa vida a Ele.

Jesus profetizou que chegaria o tempo em que, pelo poder do Espírito de Deus, as pessoas adorariam o Pai como Ele realmente é, oferecendo-Lhe a verdadeira adoração que Ele tanto deseja. Você já se perguntou como seria a verdadeira adoração? Começa onde termina a idolatria. Sim, será necessário um movimento poderoso do Espírito Santo para que o nosso cristianismo institucionalizado faça a transição para um cristianismo relacional. E sim, este processo começa no coração de cada crente. Você atenderá ao chamado do Pai para um estilo de vida de pura devoção?

Em Meu Nome, *Convidando a presença santa de Deus em situações diárias (2018)*

Uma coisa é afirmar que não usamos o nome do Senhor em vão, mas o que fazemos? Estamos trazendo honra ao Seu nome? Temos um amor genuíno pelo Seu nome? E acima de tudo, tudo o que fazemos e dizemos é feito em Seu nome? A letra da lei do Antigo Testamento diz "não use o nome do Senhor em vão", mas Jesus exorta cada crente a "honrar o Seu santo nome". Descobriremos como tal mandamento pode tornar-se prático e aplicável aos crentes de hoje, não concentrando-nos naquilo que não podemos e não devemos fazer, mas concentrando-nos naquilo que o Espírito Santo quer fazer em nós e através de nós. Que possamos usar o nome de Deus com poder, propósito e reverência num ministério eficaz em todo o mundo e, ao fazê-lo, seremos uma geração que cumpre as antigas escrituras aqui e agora no século XXI.

O Espírito da Verdade, *Encontrando certeza e permanecendo firme em um mundo conturbado (2016).*

Uma das perguntas mais famosas já feitas na história da humanidade foi aquela com a qual Pilatos confrontou Jesus desesperadamente: "O que é a verdade?" Em "**O Espírito da Verdade**" o leitor é desafiado a responder à pergunta de Pilatos e a partir em busca daquela única certeza que resolveria todas as disputas, todos os erros, todas as dúvidas: Verdade, com "V" maiúsculo! Descubra a importância de viver e falar a verdade e descubra como defender os valores e princípios bíblicos em um mundo conturbado que parece ter caído, em queda livre, direto na ilegalidade.

A Casa do Meu Vizinho, *Cavando mais Fundo para Encontrar o Tesouro que irá Satisfazer o Desejo do seu Coração (2013)*

O que fazemos com as páginas antigas de Êxodo 20 nesta época atual? Como podemos aplicá-las em nossa vida diária? Uma coisa é dizer: "Ah, não invejo meu vizinho, sua casa, seu carro ou sua esposa. Eu não desejo o que outra pessoa tem." Mas pensando bem, o que você deseja? Quais são os desejos do seu coração? A sua paixão lhe leva a querer as coisas certas? Neste quinto livro da série Dez Mandamentos, você aprenderá como desejar coisas significativas e aplicar a palavra de Deus na vida cotidiana.

As Bênçãos de Doar, *Girando a Chave Para Entrar & Experimentar a Plenitude da Vida. (2011)*

Uma coisa é afirmar que não roubamos, mas a próxima pergunta lógica seria: "O que fazemos? Como passamos da mera obediência a tal ordem para o cumprimento em nossa vida diária? É realmente possível tornar-se um doador alegre?" Em seu premiado livro *As Bênçãos de Doar*, o quarto desta série, Marja responde a essas perguntas analisando em profundidade o mandamento "não roube". A autora oferece uma visão libertadora e renovada sobre o oitavo mandamento ao compartilhar como podemos deixar para trás o caminho do ladrão, que sempre clama por mais, mais, mais. No seu conhecido método passo a passo, ela revela lentamente o caminho do Mestre, que é uma doação alegre, abundante e custosa que nos levará a uma vida em toda a sua plenitude!

Sopro de Vida[6], *Uma Viagem à Origem e Propósito do Espírito, Alma e Corpo (2008)*

Como seres humanos, fomos feitos à imagem e semelhança de Deus. Somos seres trinos concebidos de forma única: espírito, alma e corpo, mas um só. O autor leva o leitor a uma viagem aos nossos primórdios terrenos e além. Baseada em conceitos bíblicos e numa

---

[6] Veja a nota de rodapé da página 106

surpreendente variedade de escrituras, ela pintou um quadro artístico de um Deus colorido e amoroso que é a fonte de toda a vida. Sopro de vida baseia-se no mandamento de não cometer homicídio e trata do cerne da nossa existência: a vida antes e depois da concepção.

Atenciosamente, *Revelando a verdade de Deus sobre o bem-estar e uma vida longa (2007)*

"Atenciosamente" é o segundo livro de uma série sobre os Dez Mandamentos no século XXI. Baseado no mandamento de honrar os nossos pais, trata de um aspecto muito mais amplo da vida familiar – o respeito mútuo entre Deus, pais e filhos. A carta do Antigo Testamento ganha vida quando a autora Marja explica o novo caminho do Espírito. Este livro não é apenas um estudo curto e fácil de entender; é um virador de página instigante que transformará sua visão do relacionamento entre pais e filhos!

Sábado Sagrado[7], *A maneira de Deus Multiplicar o Nosso Tempo e Restaurar Nossa Alegria (2006)*

"Sábado Sagrado" é o primeiro livro de uma série sobre os Dez Mandamentos no século XXI. É um estudo curto e fácil de entender que distribui profundas "pepitas" de

---

[7] Veja a nota de rodapé da página 52

sabedoria a qualquer pessoa que queira viver a vida que Deus tinha em mente quando criou a humanidade. Explica como podemos cumprir a Lei com espírito de amor, assim como Jesus fez. "Sábado Sagrado" levará o leitor a uma mudança interior, em vez de a uma experiência exterior.

Visite o website da autora www.marjameijers.com

www.ingramcontent.com/pod-product-compliance
Lightning Source LLC
LaVergne TN
LVHW051534170726
843492LV00006B/1761